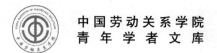

中国劳动关系学院
青 年 学 者 文 库

转型期俄罗斯工会与
社会领域的变化

Российские Профсоюзы с Переходной Экономикой и
Новые Изменения в Социальной Области

许艳丽　著

社会科学文献出版社
SOCIAL SCIENCES ACADEMIC PRESS (CHINA)

目 录
CONTENTS

下　篇

前　言

　　20 世纪 90 年代以来的俄罗斯社会动荡多变。苏联解体后，俄罗斯原有的政治、经济、社会、文化体制开始向新的体制转变，由此开始了一段艰难复杂的社会转型进程。俄罗斯的社会转型不仅要在经济体制上从高度集中的计划经济体制向市场经济体制过渡，在所有制结构上用私有制取代过去的公有制，而且要在政治体制上从斯大林模式的社会主义走向西方的资本主义。其中，建立市场经济体系是重中之重。在新旧体制交替的过程中，旧的体制不可能在短期内快速转型退出历史舞台，而新的体制也不可能在一夜之间有效地发挥作用。

　　随着社会转型的推进，一系列社会问题出现并导致新的矛盾：俄罗斯的社会发生分化，成为社会紧张、社会危机产生的潜在因素；俄罗斯社会的急剧转型带来了较为严重的人口危机，培育相当数量与高素质的人口是俄罗斯政府的当务之急；同时，人口危机也使得退休者人数增加，养老金难以满足迅速增长的社会需求；伴随着社会转型，非政府组织在俄罗斯从无到有，并且不断地发展壮大，对社会产生了深刻影响。如何调整相应的社会政策以解决这些社会矛盾是俄罗斯社会转型中必须加以关注的问题。

如何评价原苏联东欧地区二十余年制度变迁的结果，更是一个众说纷纭的问题。制度变迁的路径究竟是以何种方式为宜，关于激进改革与稳健改革的争论从未停止过。格鲁吉亚、乌克兰、吉尔吉斯斯坦等国发生的一系列"颜色革命"，是对俄罗斯及其他原苏联加盟国在冷战结束后痛苦转型过程的一个阶段性的警示，这一系列"颜色革命"的背后，是内部转型和与外部大国的博弈这两者之间的复杂联系。这一现象昭示我们：制度变迁与转型远非可以在一国之内简单地加以控制。在俄罗斯社会转型过程中，俄政府一方面要面对内部社会结构变化引发的新变化，如在人口结构问题（人口危机和老龄化）上，需要适当调整社会政策来解决新出现的人口危机和老龄化问题，文中选取的俄罗斯养老制度改革和国家支持就业政策即是为适应此需要；另一方面又要应对国外势力带来的新挑战，如国外势力试图通过非政府组织的渗透干预俄罗斯内政，影响俄罗斯的社会民主进程。为此，俄政府不得不加强对非政府组织的监管和调控，俄罗斯工会作为影响俄公民社会建设的重要力量之一，在社会转型中也要适应新的变化，进行新的角色定位。

本书所选取的工会、非政府组织的发展、人口变迁引发的就业和养老制度的改革等问题，同时是当今我国面临的现实问题。

俄罗斯的转轨之痛是令任何一个社会转型国家都应该警醒的教训。但不可否认，俄罗斯在转型过程中也逐渐摸索出一套适合本国发展的经验，总结俄社会转型过程中出现的矛盾与问题，考察俄政府的具体实践，对中国有着重要意义。

上 篇

第一章
社会转型中的俄罗斯工会

纵观俄罗斯工会百年历史，其发展可以划分为三个阶段：沙皇俄国时期、苏联时期和当代俄罗斯时期。俄国工会产生于 1905 年，1905～1907 年爆发的俄国革命使更多工人加入了工会组织，壮大了工会的队伍，但是俄国工会在 1917 年"二月革命"之前一直受到沙皇实行的高压政策的压迫，力量薄弱。苏联时期工会受到行政指令和高度集权体制的影响，成为党和工人阶级的"传送带"，官方色彩浓重。斯大林时期形成的有关工会的理论，包括工会的组织结构及其与党、工人阶级的关系等方面直至戈尔巴乔夫改革前都没有发生本质性改变。戈氏改革要求苏联工会进行转型，但是在 1991 年苏联解体之前，工会只是提出了转型的方向，其具体的改革方案与措施并未付诸实践。苏联解体后，俄罗斯工会逐渐适应了如何在市场环境下进行活动。在俄罗斯转轨初期，由于国内外政治经济发生巨变，俄罗斯工会组织不可避免地处于被弱化的地位，矛盾冲突频发。工会内部由于政见分歧和经济利益发生了分裂，因而难以形成一致性意见来有效解决这些矛盾。

第一阶段，工会在俄国出现。俄国工会出现在 19 世纪末 20 世纪初的工业化热潮中。19 世纪末俄国开始出现很小的工人组织，但在当时的复杂形势下，沙皇当局恶劣压制新出现的工人组织。俄国工会的出现在许多方面同社会民主主义工人运动的发展有关。领导社会民主主义工人运动的是俄国第一个马克思主义组织的奠基人——普列汉诺夫，正是他把国际工人和工会运动展现给年轻的俄国工会。1905年春，在俄国第一次革命过程中，俄国经济和工业发达地区的大多数部门都自发建立了工会。当年10月，全俄工会第一次代表会议召开。然而，在俄国第一次革命失败的条件下，政治镇压给工会运动造成严重损失，许多工会被查封。不过这些工会很快又恢复了活动。从1906年起，沙皇政权不得不正式承认"工会联合会"这类俄国工会存在的事实。1907年初，3.5%的雇佣劳动者参加了工会。工会参加了第一届和第二届国家杜马的活动。1905~1907年，俄国工会经历了一段快速发展的时期。当时的工会组织有了基本机构，工会运动也富有成效，这直接导致1906年4月沙皇签署了关于工会合法的法律。但是，工会运动的发展也打击了大企业家，大企业家代表强迫沙皇对工会活动进行限制。1907年末，沙皇签署对工会进行限制的法律。实际上，1908年之后俄国的工会运动是被禁止的。

工会运动发展的第二阶段始于布尔什维克执掌政权和苏维埃政权的建立。1914年，俄国工会转入地下，很多工会领导人离开俄国，但是工会运动没有完全停止。1917年，俄国开始革命运动，工会活动重新开始，俄国的工人运动得以积极开展。俄国十月革命期间，在推动劳动者参加革命方面，工会组织起到了十分积极的作用。在苏维埃俄国的最初年代，政府开始把市政和其他权力机关的某些职能转交给工会。苏维埃俄国的工会出现了集中化的趋势，全苏工会中央理事会（1917年形成）是其最高管理机关，在工会代表大会休会期间领导工会的全部活动。苏联工会的研究者指出，在苏维埃政权繁荣时期，工会的社会和经济义务是极为广泛和多样的，其职能有 170 项之多，从争取提高劳动生产率到组织儿童暑期休假，等等。因此，这一时期的工会是国家内很有影响的组织，苏联共产党、部长委员会及工会是影响苏联国家体制的三个重要力量。直到 20 世纪 80 年代末，苏联的官方工会都是国家管理体制不可分割的一部分。

第三阶段与 20 世纪 90 年代初开始的俄罗斯激进市场改革有关。激进市场改革要求工会对其保护劳动群众利益的职能和作用进行重大改变。俄罗斯工会不再是国家管理体系的一部分，其不得不开始独立地发挥作用。1993 年俄罗斯宪法取消了工会联盟的一些功能，俄工会意识到要转型，在新的国家制度和经济制度下找到自己的位置。90 年代，伴随着新自由主义的国家政策在俄罗斯盛行，俄罗斯工会运动开始分裂。在工会运动内按以往方式组织的"传统"的群众性工会与 90 年代初联合起来的俄联邦独立工会联合会（苏联工会和全苏工会中央理事会的法定继承者）并存，产生了不少"替代性"工会，例如俄罗斯劳联（KTP）和全俄劳联（BKT）。克服分裂和联合工会运动是 21 世纪初俄罗斯工会发展中关乎自身前途的重要任务。伴随着社会转型与经济转轨，俄罗斯工会逐渐确定了与政府及雇主组织之间的社会合作，以此来维护劳动者的权利。

从整个苏联时期工会的地位和作用来看，工会并不具有独立地位，而是苏联党政体系中的一个部门机构，是联结党和大众的"过渡带"。在苏联时期，工会作为工人利益的合法代表，更像是政府与企业的下级合作伙伴，工会的职能主要是促进社会生产、提高劳动生产率和培训员工等，而不是对其成员的社会保险、劳动保障等实际利益进行管理。

后苏联时期，因为国家履行基本社会职能困难，社会乱象频现，大多数公民对不同形式的动荡已经感到厌倦等原因，民间团体的意识得到增强。

20世纪90年代以来，随着苏联解体及随之而来的俄罗斯社会的急剧转型，俄罗斯工会运动受到了很大冲击，发生了一系列变化和改革，但工会的组织结构基本得到了保持。工会联盟大体分为联邦、部门和地区工会组织，工会的基层组织隶属于地区工会委员会，地区工会委员会隶属于地区联邦工会，而后者又从属于中央委员会。工会联盟从90年代初作为具有独立倾向的群众性组织、政府部门的反抗者到90年代末转变成社会合作者，发生变化的根本原因是工会无法在经济恶化的转轨期间忠实地承担起保护其成员利益的责任。

工会联盟在联邦中央的最高权力机构是代表大会，每四年举行一次。大会代表由各工会组织按成员比例选出；工会联盟的执行机构是执行委员会，由工会领导及各部门代表组成，一年召开6次会议；常务委员会则负责解决突发特殊事件；作为工会联盟下属机构的地区工会，同样有其工会章程和完整的组织机构，其权力机构是地区组织大会，每5年举行一次。地区工会组织的权威性和整体性与工会联盟在联邦级权力上的分散性并存，有利于地区工会自身利益的维护，但不利于工会联盟的统一管理。这种权力的抗争，使工会联盟内部分裂加剧，影响力受到削弱，更易受政府的操纵和控制。各级工会组织无严格的隶属关系，互为平等的组织机构。各工会可按照自己的利益需求制定工会目标和活动方式。工会间的平等关系导致难以形成一个有凝聚力、统一的有机整体，从而不能从全局的、长远的角度考虑工会组织的发展。

第一节　市场经济条件下的俄罗斯工会

一　俄罗斯工会的新变化及趋势

俄罗斯工会转变的轮廓初显是在 1989 年。当年发生的矿业工人罢工使工会处于混乱状态，导致其很难在短时期内确定接下来将要如何开展工作，应处于何种地位。这个时期的俄罗斯工会处于明显的"不知所措"的状态。在之前长达 70 多年的时间里，工会与苏联共产党和政府保持紧密联系，接受它们的领导，工会不可能与体现国家权力的制度相对立。很明显，如果工会不做出改变，如果工会和原来一样无条件地支持国家权力机关的任何决定，那么它将很快失去威信及在大众心目中的影响力。这种状况也是工会不想看到的。

1990 年 10 月举行了苏联工会第十九届代表大会。此次大会把全苏工会中央联盟委员会改组成具有联邦独立性质的工会组织——苏联工会联盟，这一改组决议在 1990 年 12 月的苏联工会立法大会上得到批准，工会正式从同党和政府机构的隶属关系中脱离出来。苏联解体后，1992 年 4 月，苏联工会联盟改组为国际工会联盟，同时成立了俄罗斯独立工会联合会（简称俄罗斯独立工联）。俄罗斯独立工联成为当今俄罗斯最有影响的工会联盟。自此，苏联工会宣告结束，历史又翻开新的一页。

俄罗斯独立工联尽管丧失了工会服务市场的垄断性地位，但是它仍然是联合劳动者的最大群众性组织。到 2005 年，据不完全统计，俄罗斯独立工联下辖 120 个成员单位，其中包括 41 个全俄和地区间的工会。截止到 2006 年 1 月 1 日，俄罗斯独立工联共联合了 2780 万工会会员，下辖 79 个工会单位。

工会多元化的社会基础建立在运输及其他生产部门的有经验的工人、中层行政职员、工业专家等能积极地和有目的地参与市场改革之上。新的工会创立后发生的一系列事件使人们对工会的期望很高，他们认为在工会中能使自我的尊严得到满足。

独立初期，俄罗斯最为有名的工会和工会联盟主要有俄罗斯独立工联、工会联合"社会工会"、俄罗斯矿业工人独立工会、俄罗斯联邦自由工会、铁路乘务员工会、航空调度员及飞行员工会、海员工会等。1995 年，以上工会中的一部分联合成了两个有竞争的联合会——俄罗斯劳动联合会和全俄劳动联合会。

随着私有化的逐步深入，企业的用人权越来越大，对劳动力的需求更讲求实效。而宏观经济和微观经济的不景气，使企业对劳动力的需求进一步减少，劳动力市场的供给过剩，又给在就业岗位上正常工作的劳动者带来了压力。企业内部由于职位和专业不同而造成的工资收入的两极分化明显加大。与此同时，各企业根据自身需要逐渐形成了对剩余劳动力或储存、或解聘、或缩短工作时间、或实行浮动工资的机制。到 1996 年的时候，俄罗斯的劳动力市场真正形成。雇佣劳动者和非雇佣劳动者之间的比例关系发生了变化。雇佣劳动者的比例由 0.35% 增至 1.3%，自由职业者比例由 1.4% 增至 2.9%，生产合作社成员的比例则由12.5% 降至 0.6%。[①]

在这种大背景下，尽管大约 75% 的劳动力名义上还属于工会组织，但俄罗斯的工会松散软弱，在混乱的经济转型过程中，资方始终处于上风。如同其他经济转型的国家一样，在俄罗斯，工会也分

---

① 弗拉基米尔·格姆别林森：《俄罗斯调整劳动力市场政策》，《经济问题》2006 年第 6 期。

为"旧工会"（前共产党工会的继承者）和得到选民支持的"新工会"。新工会是在民主改革时出现的。俄罗斯独立工联代表前一种类型的工会，而且完全控制了工会这一大舞台，但其活动主要局限于同企业主合作和在国家杜马进行政治游说，代表的仅仅是工会中少数群体的经济和政治利益。20世纪80年代后期的"新独立工会"是在高涨的民主运动中诞生的，但也只代表特定部门或公司的利益。这些工会的活动能力有限，采取的策略包括通过司法制度起诉个人企业主、为工人提供法律咨询、在法庭上代表小群体的工人出面等。因此，尽管这些工会在许多个案中获胜，但其成功对整个劳动力市场的发展趋势却没有什么影响。

如何分清新老工会，主要在于四点。

第一，传统工会的会员加入工会不取决于个人的主观意识。只要在已就业的企业中建立有工会组织，通过手续就可以加入工会。而新型工会的情况则复杂很多，人们可以根据个人意愿来选择工会，自主地赞同其原则、价值观和准则，并有意识地支付会员费。

第二，新型工会不赞同实用主义，而是力求达成具体的结果，力求准确履行自己的职能而不要求特权。传统工会正好相反，总是想尽可能地扩大自身的职能，忽视它们所代表的人群的利益。

第三，新型工会显示出更强的职业特征和职业规则，而传统工会首先是以生产部门守则为主，在同一工会里不仅仅有不同职业的工人，而且有社会组织代表，存在不同的或相对立的利益群体（比如高层管理人员与非熟练工人）。

第四，新型工会不是官僚机构的附属组织，尽管它们与这些机构有密切的联系。

民主社会不仅仅要发展多元化的政党和社会运动，而且还要发展多元化的工会，这是为世界民主化经验所验证过的。因此，俄罗斯工会多元化是有前景的，但是它们也需要根据所代表的群体决定自己的使命。工会将如何发展，时间会证明一切。

二　阻碍工会成为享有社会劳动关系权利主体的因素

工会作为一个有影响力的群众性组织，是市场经济的必要组成部分。然而需要承认的是，俄罗斯工会运动暂时还没有成为影响国家在劳动领域制定社会政策的力量。

是什么阻碍工会成为享有劳动社会关系权利的主体？可以分成两大因素：首先是环境因素，即影响工会的政治、社会、经济环境；其次是"形象"因素，此因素取决于工会本身的意识形态、从事的活动及组织机构等。这里主要探讨第一个因素。

由于整个社会生活的深刻变革，社会经济和政治环境对俄罗斯工会造成了不利影响，下列所述因素削弱了工会的地位，使其难以履行自己的职能。

第一，在残酷的竞争环境下，各社会经济发展的主体必须采取有效的行动。俄罗斯在经历经济转型期间，由于休克疗法的实施给经济发展带来了一系列严重后果，许多企业不得不把"生存"作为首要任务。此时，企业更关注的是经济效益，而不是社会公平。社会保障问题是工会的职权所在，然而此时也被迫退到了第二位。

应该承认的是，在薄弱的经济基础之上无法建立牢固的社会保障体系，同时，社会基础和技术能力较差的工人也不能建设强大的经济。任何一个劳动关系的主体——企业主、工会（职工）和政府，都必须在自己的位置上发挥必要的经济和社会作用，寻找方法做出必要的妥协和让步以使各方能够基本协商一致。实践显示，这是唯一能够解决利益冲突的举措。

所有的使命，都与恢复生产，生产出有竞争力的产品，获得稳定的市场占有地位有关；而事实是，工会的工作是这种转化的阻力。

第二，劳动力市场欠发达。劳动力市场形成缓慢，原因之一是政府没有投入全部的能力促进市场的自我调节机制发展。劳动力暂时还没有成为完全的有价格的市场商品，收入（最基本的对劳动价值的评价方式）尚没有按照劳动力市场的价格进行确定，而是随着企业生产产品的价格变化而变化。因此这种劳动收入水平的过分低下，造成部门和企业间收入水平存在巨大的不合理差异，工会在此状况下陷入了十分复杂的状况，它们竭力与企业方和行政方斡旋，寻找能够恢复公平的有效途径。

阻碍劳动力市场形成的另外一个原因是居民的社会与劳动机动性较低，所有这些都应该有"一只看不见的手"在操控市场，这个责任就落在了政府、社会机构和工会身上。然而，对于社会化过程中的外部调节的有效性，正如我们已经多次证实的那样，事实与期望相差甚远。

第三，工会社会基础减弱。国家财产私有化、企业规模缩小、企业数量增多引起的服务范围扩大、企业与工会关系的对立、失业、计时工作及不完全就业——这些都是造成工会财政收入缩减和降低组织能力的社会因素。

工会会员数量急剧减少。一些股份制企业及私人企业，或者不组建工会组织，就算组建了工会组织，它也只会继续保持原有工会组织的惰性。

大量中小企业的成长加重了工会的工作负担，然而，工会已经习惯于按照大型企业的传统组织机构来运作。它们必须寻找到新的组织形式，对此，俄罗斯工会并没有做好准备。

因此可以说，工会社会基础的减弱是经济转型时期阻碍俄罗斯工会成为劳动关系完全具有法律意义的主体的最严峻的因素。

第四，法律基础薄弱。俄罗斯宪法赋予公民建立保护自身利益的职业联盟的权利（俄罗斯联邦宪法第30条）。关于工会的法律，其内容涉及集体合同和协议，主要是为社会合作和解决劳动争议做准备。工会法也规定了一系列关于劳动的条款，另外还有其他一些法律文件也涉及工会与职工的权益。但是，工会运动的法律基础还不是很完善。此外，最遗憾的是，工会丧失了立法主动权。

工会在立法过程中没有表现出必要的积极性。而许多涉及工人经济利益方面的法律，工会应当也必须参加并进行仔细分析取舍。

国际劳工组织的许多条约都是苏联批准的，但是其中又有多少能真正为俄罗斯法律所采用和实施呢？例如，在法定时间内拖延支付工资的行为不仅违反了俄罗斯联邦宪法第37条、俄罗斯联邦劳动法第136条和第142条，而且违反了俄罗斯批准的国际劳工组织的《保障工资收入条约》。

没有完全合乎条件的法律条文，并且即便是现有的法律条文，社会合作者们也不能完全履行，他们之间已形成了"游戏规则"——这些都成为工会实现自身职能的附加性困难。

第五，社会合作尚未形成惯例。俄罗斯工会奉行三方机制，在实践中参与制定主要部门的税率区域协议，同时制定最低劳动标准。

工会认为自己应该拥有的权利有：自由权，不受任何人或事物限制；管理和签订集体合同的权利；在国家法律允许范围内罢工的权利。

但是俄罗斯工会在集体谈判方面没有充足的经验，它们承受着来自各方的压力，尤其是来自政府的而不是来自资方的。工会使用罢工的权利是很有根据的，尽管不是很有成效。签订有建设性的集体合同的工作还没有成为工会规范性的活动。如果工会不能坚守自己的阵地——参与集体合同的管理和签订过程（可以通过有效地成为劳动关系的主体），更谈不上解决其他问题，其中之一就是工人的社会保障。

21世纪以后，俄罗斯政治基本稳定，开始转入经济发展时期，这为工会活动提供了更加优沃的环境。俄罗斯处于世界市场之中，处于世界经济全球化体系之中，此时的俄罗斯工会如何适应这种环境？如何改变自身结构？如何成功运作？如何扩大自身在世界上的影响和分量？这些都是有待解决的问题。

三 工会与经济全球化

俄罗斯工会面临的新问题是如何在经济全球化和跨国化（指跨国公司的企业和分公司遍布全世界的过程）的条件下开展活动。这个问题不仅是俄罗斯工会，也是世界上许多国家的工会所面临的共同问题。工会在同跨国公司打交道时遇到的主要困难是，跨国公司的管理层比驻在国公司的管理层具有更广泛的跨境交易可能，眼界更宽，手法也更多，而工会只习惯于同本国公司打交道。这些可能性在缔结税率协议、监督是否遵守工资协议、雇用和解雇劳动者、解决社会问题等方面引发了许多附加问题。工会在经济全球化环境下遇到许多新的复杂问题——通常集中在法律和经济领域。一方面，工会必须保障在跨国公司工作的工人的利益；

另一方面，工会必须保证自己在法律社会环境中的影响力，保护俄罗斯在海外劳工的权益，尤其是要加强对海运工人和渔业工人的保护。

解决跨国公司内工人的收入、社会保障和社会环保的支出等问题是俄罗斯工会一直没有放松的目标。这些不仅仅要依靠俄罗斯的劳动法，并且需要国际劳动法的规范。

对在全球化过程中的工会活动，评价不全是肯定的，它对俄罗斯本国贸易和本国工人也产生了负面影响。在世界经济一体化的影响下，世界劳动分工要求俄罗斯提高劳工标准，但是当前俄罗斯的劳工标准与国际劳工标准的差距还很大，经常出现违反生产秩序导致技术事故和惨祸、劳工不遵守劳动和休息规则的事件（比如疲劳驾驶）。在欧洲，违反休息规则的司机将被处以 1000 欧元的罚款，在俄罗斯仅仅是被处以警告处分。

全球化条件下，工人需要提高自身能力和对工作岗位的熟悉程度，这就需要完善职业教育体系，特别是基础职业技术教育。但是，据不完全统计，俄罗斯的职业技术教育只能覆盖有劳动能力的居民的20%，其余的人都要依靠自学。因此工会有项重要工作可做，即与有关国家机关和企业共同参与对工人的职业培训，以推动合理的劳动力市场的形成。

增加对民族经济的投资力度，开设新的企业，其中包括一些跨国企业，使就业问题更加尖锐化。大量企业的出现不可避免地会导致外国劳工的吸收，他们采用不同的渠道——每年有 1000 万 ~ 1500 万人以半合法或不合法的途径进入俄罗斯。

组织工会同跨国公司进行有效对话是十分必要的。跨国公司的领导层把自己的生产安排在劳动力很廉价的国家中，其目的就是依靠自由主义，调整社会劳动关系以降低成本。这就是说，外国跨国公司的领导层指望工会对提高工资、改善劳动条件、遵守社会保障等要求保持克制，或者希望根本不设工会。

对于民族利己主义的态度，在商业领域是可以被接受的，但对工会来讲却不能完全接受。工会赞同符合自身利益的国际主义价值观和劳动团结，在全球化条件下，不同国家间的工会需要共同合作以维护劳动人民的利益，而无关劳动者的国籍、民族或其他因素。

第二节　转型期俄罗斯工会实现自身职能的途径——关于社会合作机制

俄罗斯当今社会合作机制有效性问题的本质在于，尽管工会和国家竭尽全力，但到 21 世纪初，俄罗斯联邦仍未形成基于经常性三方社会对话的社会伙伴关系制度。在 20 世纪 90 年代，社会伙伴关系制度主要是一种调整社会劳动关系的可能形式——签订和实施有雇主、工会和执行权力代表参与的集体合同的过程。但是，三方协商的形式也不是很有效，因为集体合同在国家和企业社会经济活动中的作用暂时有限，它的作用主要是宣示一种意愿。因为缺乏对合同执行情况的监督，而应履行义务的责任方也常常无法确定，在合同中就工资、劳动条件和社会保障等达成的协议明显不能满足多数雇佣劳动者的最低要求。这有许多原因，其中之一是工会本身的薄弱性——受到一系列政治、法律、财政和组织内部因素的制约。例如，工会运动的研究者和工会代表指出，在俄罗斯联邦新劳动法（2002 年通过）中，各方权利明显不平等。当今俄罗斯的劳动立法显示出新自由主义的趋势，如在劳动者利益受到集体利益损害时强调个人维权，因此，工会逐渐被排挤在争取劳动群众利益的斗争之外，此外，工会在参加集体合同和各部门税率协商的特别活动中受到限制。

一 社会合作机制是俄罗斯工会实现自身职能的方式之一

俄罗斯工会通过两种方式实现自身职能：第一，以国家或企业的反对者身份，作为代表大多数民众利益的群众性组织，通过组织示威游行、集会、罢工等发挥自身影响力；第二，以双方或三方集体协商的形式参与签订集体合同或集体协议。

（一）社会合作机制是调整劳动关系的一种方法

社会学家将社会伙伴关系看作雇主和雇佣劳动者为解决（工业）劳动冲突而自发合作的一种特殊制度，同时也是为了社会稳定而在整个国家经济当中公平分配企业利润的一种特殊制度。三方协商机制是社会伙伴关系的一种形式，是政府、雇主和工人代表有效互动，调整现有劳动关系的一种有效制度。

社会合作是 20 世纪五六十年代出现的一种思想，到目前为止已经积累了相当多的经验，它是解决社会劳动关系领域问题的、建立在协商一致基础上的一种实用主义的方法。政府、企业和工会作为社会合作的各方，通过对话，签订合同或协议以促成合作。协商一致的合作成为可能，不仅仅是因为它能弱化劳资之间的矛盾，而且它能提高社会一体化水平。

矛盾的实质是什么？看一下工会和政府、工会和企业的相互关系就会明了。企业活动的目的是取得最大的利润，而受雇的工人及代表其利益的工会的兴趣在于能以工资或其他社会收入的形式从这些利润当中分得最大的份额。企业主尽量缩减生产费用（其中就包括工人工资）以增加利润份额来发展生产。工人（或工会）正好相反，他们首先关注的是增加的利润要满足自己的社会需求，这也意味着将增加生产费用。这种矛盾看起来很难调和，但既然双方参与的是同一过程，相互联系，所以尽管他们之间对增加利润和解决社会问题存有不同立场，却还是留有相互协商和妥协的余地。真正的问题在于，如何在不放弃自身职能的前提下，各方遵循可以相互接受的、彼此易于做出让步的尺度，以此来促进经济与社会的稳步发展。

（二）社会合作机制在社会改革中的发展

在俄罗斯，社会合作的思想和实践是在社会改革与向市场经济转变时期才获得真正意义上的发展，社会合作不仅在联邦法律中有所体现，同时在地区性法律中有所体现。

社会合作可以被看作平衡雇工、雇主和国家利益而调整社会劳动关系的一种特殊形式，它的目的是使合作各方就关注的社会问题达成基本的协议，例如完善劳动收入和社会服务体系、保障就业、发展人力资源培训体系和提高工人技术熟练程度、提高劳动条件、增强劳动者劳动权利保障等。

1. 国际法和俄罗斯本国法律中关于社会合作思想的基本原则

（1）社会合作各方相互独立，具有平等地位；

（2）拥有自主权；

（3）尊重相互间利益；

（4）各方履行法律赋予的权利；

（5）通过仲裁机构处理劳动争议；

（6）有利害关系的各方参与集体谈判；

（7）协助国家加强和发展社会合作的民主基础；

（8）遵守法律和各项规章制度；

（9）全权代表各方；

（10）自由选择讨论劳动领域的有关问题；

（11）自愿履行各方义务；

（12）由各方协商通过切合实际的义务条款；

（13）必须执行集体合同和协议；

（14）监督执行已通过的集体合同与协议。

（15）不执行或不完全履行集体合同或协议的一方要承担因此带来的责任。

2. 社会合作机制的不同层级体系

社会合作有复杂的层次体系，在具体实践中划分为六种合作层级：联邦的（俄罗斯联邦）、地区间的、地区的（联邦各主体）、部门的（经济部门）、县市的和社会组织的。

相比于苏联，俄罗斯形成了新的行政单位——联邦区，社会合作也扩展到联邦层级，从而出现了"特殊"的任务，需要合作方参与解决。

不同层级的社会合作各有自己的合作方式：在集体合同的签订过程中，就调整社会劳动关系问题进行相互协商；工人选出工人代表参与组织管理；工人代表及其雇主参与劳动争议仲裁等。

为了保障谈判的顺利进行，促成协议或合同的签订，社会合作中创建了监督执行的组织体系和专门机构：三方委员会调整联邦级、地区级、县市级的社会劳动关系；双方委员会调整部门级或社会组织级的社会劳动关系。

社会合作各方的利益是通过其代表表达的。工人的代表通常是工会，也有可能是某些受委托部门（比如在某些缺乏工会组织的企业就可能出现这种情况）；雇主代表是组织领导人或委托代理人，雇主联合会作为非商业性的自由组织，代表企业主利益与工会、政府权力机构或地方自治机关开展对话；具有执行权和立法权的机构作为国家的全权代表，和其社会合作者共同保障合同与协议的执行。

社会合作制度有自身的体系，借助于合同与协议实现合作目的。社会合作可以被看作新的社会管理形式。在苏联时期，雇佣劳动者作为管理客体，被动地接受各项条件，而管理主体是企业主、老板等财产所有者。在社会合作制度中，雇佣劳动者与其所属的部门或组织是平等的社会劳动关系主体。社会合作的各方力量目前并不是平等的，但从社会合作的发展趋势来看正趋向于平等。

社会合作体系的要素构成如下。

（1）目的：平衡劳动者、企业主和政府各方利益，维护社会和谐。

（2）原则：各方的法律地位平等；尊重各方的利益；有利害关系的各方加入合同；促进国家加强和发展社会合作的民主基础；各方及各方代表要遵守法律、法规及规章制度；全权代表各方；自由选择讨论议题；自觉履行各方义务；义务执行集体合同及协议；监督执行已通过的集体合同和协议；不履行集体合同及协议的各方要承担相应责任。

（3）主体：劳动者、企业主、政府。

（4）各方代表：工会及其联合会；其他的劳动者代表；企业（或组织）领导人或者受其委托的全权代表；企业主联合；有执行权力的部门；地方自治机关。

（5）层级：联邦的、地区间的、地区的、部门的、县市的、社会组织的。

（6）形式（方式）：集体谈判、协商、工人代表参与组织管理、工人及企业主代表参与解决劳动争议的仲裁。

（7）部门（机构）：不同层级社会合作与调整劳动关系委

员会。

（8）内容（各方义务）：劳动收入、就业、劳动条件及保护机制、工作和休息制度、安全环保与健康保护、工人福利与保障、发展社会合作、各方确定的其他义务。

（9）结构：基本协议；地区间协议；地区协议；部门（部门间）协议；县市协议；集体合同。

（10）监督：国家劳动检察机关；工会监督机构；各方委托的全权代表；劳动部门。

（11）责任：对规避参与集体谈判、没有提供必要信息、破坏或者违反集体合同或协议的主体采取罚款手段。

二　社会合作关系的主体及合作实现的方式

（一）社会合作关系的主体

社会合作关系的主体——工会、企业家联合会、政府，都是有影响力的和基础的独立机构，如何保障它们之间的正常合作关系？一是排除破坏稳定的主观影响因素（比如可能更换企业行政，重新选出工会委员会，而且包括以前的集体合同保持效力），二是维持系统状况的平衡，保护它们不受形势的干扰（比如来自经济及政治局势的影响）。

同时，社会合作可以被看作自组织团体的新形式，在自发的过程中形成了切合实际的社会实践，并以此为基础调整社会关系。

1. 工会

社会合作的主体各方通过各自的代表组成"三方机制"进行合作，劳动者在三方机制体系中的代表当然是工会（在企业方面，也有可能是工人代表）。这些联邦的、地区间的或县市的工会，分别在同级别层次参与三方及双方委员会，包括参与协商和集体合同签订。

2. 企业家联合会

社会合作的另一方主体是企业家联合会。在俄罗斯，20 世纪 80 年代末出现了合作商店工作人员与承租人联合会，1991 年末出现私人企业主联合会，之后又有了俄罗斯商业圈会议。成立的工业和企业联合会，囊括了 56 个地区级的和超过 100 个国家和非国家部门级的联合会。到 90 年代中期时已经出现将近 50 个通过注册的不同的企业联合会组织。在地区和部门同样出现了大量的协会和联合会。

企业家联合会是工会的主要社会合作方，它们之间的对话主要在于解决或调整社会劳动关系的基本问题和维护劳动者的权益。

3. 国家（政府）

社会合作体系中的第三方是国家，包括联邦的、地区间的、地区的和县市的执行权力机构——（中央机关的）部、（部、委的）司局、（某部门的）机关，负责解决劳动领域的社会和经济问题。国家参与社会合作体系更加注重其经济职能，对调整社会劳动关系给予法律上和权力上的影响。在俄罗斯，国家（政府）很积极地甚至强制性地插手经济和私人贸易，如果忽略了这种因素则什么都将做不成。除此以外，国家（政府）自身也拥有巨大的财产，拥有自己的"国家的"利益。这种做法已经取得了大大小小的成果。

国家（政府）主要通过法院系统和行政权力以仲裁人或中间人的身份解决劳动者与企业主之间的劳动纠纷和争议。

（二）社会合作实现的具体途径

1. 立法活动

俄罗斯政府拥有强大的经济职能，以至于国家可以直接干预商业活动和同工会的关系，制约自身的立法活动和监督法律的执行情况。目前，俄罗斯社会发展最主要的特点是，立法重新成为国家的单独活动。通过法律调整社会关系，首先调整的是劳动社会关系。国家非常积极地干预其他社会主体，使后者平等地参与这个过程。比如说，目前，俄罗斯已经成功地实现了国家、雇主与工会的合作伙伴关系，在法律层面上协商、制定并通过了《劳动法》。

合作的三方中，有些人对通过的文件不满意。他们没有意识到，社会合作的实质其实是矛盾各方和代表不同利益主体的各方互相妥协的结果。他们应该认识到，在现实条件下，各方拥有的资源及影响，都不足以使其他各方做出原则性的让步。在社会合作框架内的法律调整体系拥有原则性的意义。以法律形式确定的条款，不论是国家，还是雇主都要遵守，任何一方都不能违反。

社会伙伴参与立法活动的另一个途径是经俄罗斯总统签署总统令批准，社会合作各方按平均分配的原则加入社会劳动关系三方委员会。俄罗斯的三方委员会是联邦层级的社会合作的常设机构（协商性机构）。委员会的基本工作目标是为合作三方筹备协议。除此之外，对社会经济规划进行监督，并向国家权力机关的联邦级机构提供建议，审查社会劳动领域的相关法律及草案中存在的问题，经过周密考虑给出自己的看法，这些也都是三方委员会的工作。工会方面坚决要求，对于所有涉及社会劳动关系的法律法规，必须事先经过三方委员会的审查。

在俄罗斯实行社会合作的初级阶段，工会和雇主参与通过了不少联邦法律，而由国家制定具体细则。这些法律涉及集体合同与协议、解决劳动争议的规则、社会联合、居民就业、生产合作组织、国家支持小企业发展、养老保障以及国家社会保险及雇主联合，等等。为了实现国内劳动法律法规与国际劳工组织公约的接轨，俄罗斯联邦《劳动法》也借鉴了国际公认的国际劳工标准的部分规则。

2. 协议

社会合作实现的实践基础表现在协议是一种法律行为上。协议的目标是调整雇主与工人之间的社会劳动关系。雇主与工人之间社会劳动关系的调整从属于联邦的、地区间的、地区的、县市的、部门（部门间）的、社会组织的协议的调整，从属于合作主体的数量——三方或双方。

俄罗斯联邦《劳动法》第46条规定可以就合作各方关注的以下问题签署协议：劳动报酬、劳动条件和劳动保护；劳动和休息制度；发展社会合作；合作方确定的其他问题。

在现实中，协议所调整的问题范围比《劳动法》规定的更加广泛，包括就业、保障劳动权、安全环保和许多其他问题。协议阐述了一系列（一整套）社会标准的宗旨，为所有参与方的实践活动指明了方向。

联邦层级的协议是基本协议，由全俄工会联盟、企业家联合会和俄罗斯联邦政府签订。它规定调整社会劳动关系的总原则。另外还有其他层级的协议——地区的、部门的，等等。基本协议是通过俄罗斯三方机制调整社会劳动关系来实现的。根据相应法律规定，俄罗斯三方机制的任何一方都可以拥有30名自己的代表：政府方面的调配者是卫生与社会发展部，企业主方面是企业家联合会（主要的实施方是俄罗斯工商业联合会），工会方面的调配者是俄罗斯独立工会联合会（委员会中的其中6个席位是划拨给可供选择的工会的）。基本协议涉及就业、劳动力市场发展、建立工人权利保障等基本问题。如2005～2007年的基本协议中包含将近100项共同义务，涉及经济稳定发展、居民就业、保障职工收入增长、俄罗斯公民社会保障、社会合作发展等领域，其中许多义务已经得到了履行。

（三）社会合作实践的成功经验与亟待解决的问题

不同生产部门、不同地区居民的生活条件和收入存在本质上的差异，需要社会合作各方签订不同层级的协议——地区的和部门的，尤其是具有特殊意义的部门税率协议，规定支付标准和其他劳动条件，甚至是部门职工的社会保障和优惠条件。

在当前情况下可以认为，社会合作体系还保持在地区水平。许多地区都通过了与此相适应的规章文件和有关法律。例如1997年在莫斯科通过了《社会合作法》，另外在下诺夫哥罗德、新西伯利亚等58个地区通过了有关社会合作的法律，另外有19个地区已经准备制订相关法律的计划。为了适应法律，地区协议三方委员会力求使居住在本区域的工人、企业主和行政方能达成利益平衡。

针对地区或部门层次的社会合作实践，有关专家提出了以下亟待解决的问题：实现州一级社会经济发展的区域规划；实现工农业生产的经济进步；完善科技、教育、卫生、文化艺术、财政政策体系，实现更大的社会公平；预测、评价和防范政治和经济政策实施中带来的不利后果；配套实施住房政策；开展公民就业的积极措施；改善劳动保护条件、环保设施等。

三　社会合作体系的特征及不足之处

综上所述，俄罗斯社会合作的经验主要体现了以下特征。

——作为劳动社会关系主体，没有明确所代表一方的利益；

——雇主与工人通过代表自身利益的企业行政方与工会建立联系；

——社会合作机制被看作资源和权力重新分配整合的一种补充机制；

——参与各方不能切实地履行合同与协议；

——团体间沟通环节薄弱，人们对社会合作的理念和价值观没有明确的认识；

——社会合作体系的科技、方法和人力资源保障等不充分。

首先，工会作为合作一方发展社会合作的责任表现在保障它所代表的广大民众的利益和权利。工会的法律地位是要保障它们与国家和企业方可以平等地调整劳动社会关系。然而现实中出于诸多主客观原因，工会尚未成为享有充分权利的劳动社会关系主体，造成工会在处理与国家和企业主的关系时必须灵活多变，因政治和经济地位的不同或与它们结成同盟，或持反对立场。工会在处理与国家和企业主的关系时，要考虑到工会自身的利益和它所代表的劳动阶层的利益。工会的公信力增强与否取决于工会进行的活动，取决于它在社会中的威信与影响力，还取决于工会组织及领导人的形象等因素。

企业方与工会及它们的领导人之间的关系还是比较融洽的。企业方认为工会是自己的平等合作伙伴，大多数企业领导都认识到在企业中组建工会的必要性，工会可以帮助企业行政部门解决社会问题，并且能够减少劳动争议。值得一提的是，已经通过的俄罗斯联邦法律《关于企业家联合》，也为企业方有效参与社会合作提供了法律基础。

另外，合作方所签订的众多双方或三方协议实施的效果比较差，还没有体现出各方的责任感。协议经常得不到履行，或者未经任何批准。

当今俄罗斯的社会学界提供了两种关于工会在社会中作用的阐述。工会被看作公民社会的机制，或者是社会保护劳动者制度的机制，这两种阐述相互补充，规定着工会的基本社会职能。

第一，把工会看作公民社会的机制的人认为工会的主要任务是保护劳动群众的社会和经济利益，即建立工人自治的机制。公民社会在这种情况下被看作非公组织、机构、协会、基金会、工会联合组织和社会联合组织的体系，它们履行公民自我组织、自我管理的职能，可以对国家管理或私人部门产生影响——修正国家政策或促成企业主通过旨在提高其社会责任的决议。因此，公民社会可以作为社会沟通系统，特别是借助与社会生活各个领域的自我管理结构直接相关的专门机制，对整个社会政治过程产生影响。

第二，工会也被看作社会保护劳动者制度的机制。建立保护劳动者制度的必要性在工业发达国家产生于19世纪末20世纪初。在20世纪30年代，"社会保护"这一术语逐渐得到西方社会学界的认可。社会保护包括法律保障和社会经济保障的制度以及实现这些保障的措施，这些保障制度建立了实现有效的劳动活动的社会基础设施，保证了民众起码的生活质量，保障了社会劳动潜能的再生产，建立了为有效实现这些保障和措施创造可能性的社会制度体系，包括建立国家社保基金、工会、社会组织等。必须指出，当今社会保障制度的任务是，既要保证尊重（在企业工作的）有劳动能力的公民的权利，也要保证尊重未直接参与劳动活动的社会弱势群体（退休人员、残疾人等）的权利。当今社会保护制度在保护劳动群众利益方面有如下活动方向：为民众提供最低生活保障；采取一系列措施维持民众起码的生活水平和质量；为劳动潜能的有效再利用创造发展社会基础设施的必要条件（包括卫生保健、教育、公用住宅设施等）；为劳动活动场所设立安全保护制度；为开展有效的劳动活动提供政治法律条件，包括维持社会和政治稳定；为开展有效的劳动活动提供良好的社会文化条件。在宏观社会的水平上，国家是保证履行社会保护体系的主要机构，它包括各种执行权力结构（特别是专业化的社保基金、保险公司）、立法权力机构（尤其是劳动法）、司法权力机构，这些权力机构为社会实现劳动群众的利益提供了可能性。

在微观社会——国有经济领域和具体企业——的层面上，是要维护雇主与工会之间的相互依存关系。有些企业比较重视劳动者的社会保护制度，因此就有条件实现劳动者的劳动权利和利益，实施个人的社会保障（特别是借助所谓"社会保障账号"作为个人和集体劳动合同的重要补充），实现同雇佣劳动者组织即工会的代表经常性的社会对话。工会是保证各具体企业有效遵守劳动法的唯一社会机制。工会委员会包括企业工会组织的积极分子，由工会实施管理，在实现同企业管理层的经常性对话过程中，保证遵守集体合同（反映并保护企业全体劳动者的利益）的基本要求。

　　尽管社会合作机制存在许多不足和尚未解决的问题，但毋庸置疑的是，社会合作机制已经开始运转，又通过法律规范及行业标准取得了一些预期成果，但尚需时间进一步加强。必须通过相应的财政手段等措施，促使合作各方在合同或协议期限内完整地履行职责。再者是加强社会合作的信息发布交流，增强民众对此机制的信任度。

第三节　转型时期的俄罗斯工会与社会危机

一　俄罗斯工会转型带来社会局势的变化

　　20 世纪 90 年代初，俄罗斯工会开始寻求一种新的模式——三方机制。大体上，苏联工会是符合苏联体制需要的，主要表现在以下两个方面。其一，当时苏联的客观情况不允许选择西方的三方机制模式——列宁把工会在国家政治生活和经济发展中的角色界定为社会的维护、监督和调节者，全体工人利益的代表者只能是社会主义政府。从整个苏联时期工会的地位和作用看，工会并不具有独立的地位，而是苏联党政体系中的一个部门机构；其二，没必要选择其他模式，因为当时国家给予了居民最基本的社会保障。苏联解体后，俄罗斯工会在法律上和事实上都不从属于国家和政治机构，它们参与三方机制，与政府机关及雇主进行社会对话（包括联邦的、地区的和部门的协议和集体合同等），参与联邦和地区立法机关的立法活动并且拥有自己的院外活动集团。它们也积累了不少领导大众进行抗议示威活动的经验。毋庸置疑，俄罗斯工会正逐渐适应如何在市场环境下进行活动，它们已经不是苏联时期意义上的工会了。

俄罗斯尤利娅社会学分析中心在 2004 年时曾经展开就俄罗斯人如何评价不同社会机构的信任度的社会调查，根据调查问卷表所得出的结果，在调查问卷表所涉及的几个社会机构当中，俄罗斯工会排在第十位，它的被信任程度仅仅高于警察局，而落后于总统、教会及其各地区分支机构、军队、出版业、广播电视业、俄罗斯政府、法院、检察院、俄罗斯国家杜马。① 当然，类似的社会调查还有很多，但是其他的调查结果同样也给予了工会比较低的评价。为什么俄罗斯社会对工会有如此多的偏见呢？这还要从苏联说起。

在苏联时期，工会作为工人利益的合法代表，更像是政府与企业的下级合作伙伴，工会职能主要是促进社会生产、提高劳动生产率和培训员工等，而不是对其成员的社会保险、劳动保障等实际利益进行管理和操作。

在俄罗斯转轨初期，由于国内外政治经济发生巨变，俄罗斯工会组织不可避免地处于被弱化和矛盾冲突的地位。20 世纪 80 年代到 90 年代初，尤其是在叶利钦执政的头两年，工会组织仍持保守的对抗立场，反对叶利钦的民主改革和激进的休克疗法。对工会组织与政府的对立，叶利钦政府给予了严厉的惩罚，并委任莫斯科联邦工会主席舒梅科取代了原俄罗斯工会联盟主席科罗什科夫的职位。

面对社会巨变、国内外现状及工会人事的重大调整，传统工会对其策略做了改革和调整，采取妥协与和解的姿态，开始以社会合作者的身份支持政府的民主改革，参与三方协商会谈。但俄罗斯政

---

① Василий Головачев, Необходимость укрепления доверия, Труд, 29 сентября 2004 г..

府并没有把自己当成与工会平等的社会参与者，政府不仅忽视工会联盟的存在，甚至违反三方谈判和普通协商机制。政府权力的加强、三方协商机制作用的有限，使工会通过传统工会运动途径达到目标的可能性减小，工会被迫越来越关注通过政治游说等手段，使国家立法和政策制定有利于自身的生存和发展。

1989 年，矿工及其他领域工人举行大规模游行反对当前政权，当时的全苏工会中央理事会没有率领自己的会员表示抗议，没有支持劳动者，而是采取了一种妥协的态度，这也是人民大众认为工会已不能指望的一个很重要的原因。

1992 年俄罗斯休克疗法的激进改革使工人失业、工资欠发，同时物价上涨，通货膨胀严重。面对经济急剧衰退、生活条件恶化的现状，煤矿、医疗、教育等受政府基金控制的部门同时爆发了大规模的示威游行和罢工。严峻的现实要求工会必须采取有效措施解决矛盾，但工会内部出于政府见解与经济利益的原因发生了分裂，因而难以形成一致性意见来有效解决这些矛盾。

俄罗斯的社会局势每况愈下，在 2004 年，俄罗斯劳动者工资比重低于最低生活费，最低生活费要比工资高 40%。劳动收入份额仅占国民生产总值的 10% ~ 28%，当年俄罗斯 25 名亿万富翁的总收入将近 800 亿美元，是整个俄罗斯国民生产总值的 20%，这和俄罗斯所有劳动者的劳动收入总额基本持平。

科学研究证明，如果每小时支付劳动者的工资低于 3 美元，那么将失去刺激劳动者劳动积极性的功能。在俄罗斯，劳动者每小时的平均工资仅为 1.7 美元（美国为 16.4 美元，德国为 22.7 美元，加拿大为 17.1 美元）。[1]

---

[1] Д. Львов，Мы – рабы государства，Аргументы и факты，No. 47，2004.

尤其是众多大型重工业企业利润迅速增长，但是工人的收入却没有相应增加。例如在 2004 年，采矿选矿联合工厂的工人收入同比只增长了 30%，而同时期企业利润比 2003 年多了 4.5 倍。[①]

二 俄罗斯社会劳动领域危机的社会调查研究

(一) 俄罗斯民众对危机的评价

据全俄社会舆论研究中心历年所做的社会调查，民众对于生活的满意程度见表 1 - 1。

表 1 - 1   针对"您认为以下哪种状况最符合当前复杂形势"问题的回答

单位：%

回答 选项	1998 年 6 月 (和 9 月)	1999 年 6 月	2000 年 6 月	2001 年 6 月
1. 不是很困难,可以生存	8.7/2.9	6.8	12.9	19.3
2. 生活困难,但可以忍受	36.9/30.4	40.0	50.5	54.7
3. 已经不能忍受贫困状况	45.6/60.7	47.7	31.3	20.6
4. 难以回答	8.7/6.0	5.5	5.3	5.4
回答 选项	2002 年 1 月	2003 年 1 月	2004 年 1 月	2005 年 1 月
1. 不是很困难,可以生存	17.9	14.5	20.0	14.0
2. 生活困难,但可以忍受	56.1	58.9	57.0	49.0
3. 已经不能忍受贫困状况	20.9	22.6	18.0	29.0
4. 难以回答	5.0	4.0	5.0	8.0

资料来源：http://www.levada.ru/press/2005020801.html。

[①]   М. Тарасенко, Зарплата металлургов в странах СНГ должна быть удвоена а то и утроена …, Информационный бюллетень Международного обьединения профсоюзов трудящихся горно - металлургической промышленности, 2004, No. 3, С. 13.

从表 1-1 可以看出，民众对复杂局势的表现有不满意（已经不能忍受贫困状况）、基本满意（不是很困难，可以生存）和中间状态（生活困难，但可以忍受）这几种情况。从 1999 年开始，持乐观观点（不是很困难，可以生存）的人的比例开始上升，到 2001 年达到最高峰，到了 2003 年，又出现了明显的下降，2004 年有了大幅上升，可到了 2005 年 1 月，又有了不小的回落。在 2004～2005 年，持"已经不能忍受贫困状况"观点的人的比例明显上升。

（二）社会劳动领域出现的危机

苏联解体后，基层组织的工资规模基本没变，工资管理体系基本保持原有机制，因此工会在这一领域的作用很小。在公共部门和生产领域，由于受政府财政预算、收入支出和市场机制影响，工资变动幅度较大，因此，在这些部门中有关劳动争端和利益分配的冲突较尖锐。使资源和利益分配在市场巨变时出现社会分层和贫富分化现象。

2001 年，俄罗斯富人和穷人的贫富差距为 10 倍，2002 年为 13 倍，2003 年为 14 倍，而到了 2004 年，达到了 15.2 倍。而且，低收入人群大部分是过去在受政府资金预算控制机构（如医疗、教育、军工部门等）工作的退休人员。

2005 年，俄罗斯劳动与社会关系学院社会合作研究所社会技术研究中心调查显示，在集体劳动中的社会幸福感指数问题上，也出现了一些危机状况。比如，有约 2/3（74%）的被调查者认为在集体劳动中会不定时地（频繁、经常或者有时）出现争议。针对"您怎么认为在您所参与的集体劳动中出现社会危机的频率"所做调查结果如下。（见表 1-2）

调查过程中的一些数据显示，被调查者表达了对抗议活动的积极态度（见表 1-3、表 1-4）。

表 1-2 针对"您怎么认为在您所参与的集体劳动中出现

社会危机的频率"问题的回答

序号	评价观点	人数（单位：人）	所占比例
1	非常频繁	6	4
2	经常	29	20
3	有时	74	50
4	非常少	25	17
5	不存在危机	6	4
6	难以回答	7	5
	总计	147	100

表 1-3 针对"如果您所在企业组织了罢工，您会参加吗"问题的回答

序号	评价观点	人数	所占比例
1	很可能会参加	104	68
2	很可能不会参加	21	14
3	难以回答	28	18
	总计	154	100

表 1-4 针对"如果您所在企业组织了罢工，您会参加吗"

问题的回答（按社会人口特征）

单位：%

评价观点	性别		教育程度				
	男性	女性	初级水平	中级水平	高等职业	本科	研究生及以上
1. 很可能参加	66	67	—	40	60	73	33
2. 很可能不参加	18	12	—	40	17	10	67
3. 难以回答	16	21	—	20	23	17	0

评价观点	工会身份		年龄			
	已解除会员	工会会员	18~34岁	35~44岁	45~59岁	60岁及以上
1. 很可能参加	79	64	86	55	71	59
2. 很可能不参加	3	18	7	10	13	29
3. 难以回答	18	18	7	35	16	12

从表1-4可以看出，对参与抗议活动（罢工）有最强烈意愿的人群是已经解除工会会员身份的人，以及拥有高等学历本科和年龄在18～34岁的人。对45～59岁的人群来说，他们不仅仅已经拥有了丰富的生活经验，并且有了参与支持运动的经验，他们相信自己的力量并且也准备好在工会领袖的组织下参与抗议活动。值得一提的是，在这组数据中男性和女性对于此问题的回答没有多大差别。同时，接受过研究生及以上教育的这部分被调查者更容易放弃任何的积极行动。

表1-5也是针对"如果您所在企业组织了罢工，您会参加吗"这个问题展开的调查，研究的是工会工作工龄、工会组织规模及城市规模对罢工意愿的影响。

从表1-5可以判断出，其他城市居民比首都居民更准备通过一种积极方式解决危机。企业中工会组织的规模没有显现出在促进社会积极性方面发挥很重要影响力的潜力。

表1-5　针对"如果您所在企业组织了罢工，您会参加吗"问题的回答
（按工会工作工龄、工会组织规模及城市规模）

单位：%

评价观点	工会工作的工龄						工会组织的规模
	1年之内	1～3年	3～5年	5～10年	10～15年	15年以上	500人以内
1. 很可能参加	78	60	70	84	74	68	74
2. 很可能不参加	11	7	10	16	13	15	16
3. 难于回答	11	33	20	0	13	17	10

评价观点	工会组织的规模		城市居民					
	500～2000人	2000人以上	莫斯科	彼得堡	其他100万人口以上城市	50万～100万人口	10万～50万	10万以下
1. 很可能参加	72	75	55	—	83	90	85	79
2. 很可能不参加	8	10	21	—	6	0	15	0
3. 难于回答	20	15	24	—	11	10	0	21

（三）对社会调查的总结

从以上的调查结果中，我们可以总结出以下几点。

第一，影响社会劳动领域危机增长的基本因素在于民众对收入水平、劳动条件、企业发展前景的不明确，对自己未来的不自信等。

第二，对许多人来说，对自己的不满加以克制是由于害怕失去工作。特别要引起注意的是，潜在社会危机构成中的社会心理因素所引起的精神过度紧张（比如使人们恐惧害怕、忧郁、强烈不满）如果超过一定的程度，就会爆发。这些及其他一些社会因素会加剧社会危机，目前来看，它们大多表现为潜在因素，但是，如果不仔细分析研究社会各阶层的社会利益的话，那么这些潜在因素很可能成为权力更替的导火线。

三　结论

俄罗斯工会的转型是伴随着休克疗法的激进改革而进行的。1992年叶利钦政府实行"休克疗法"的激进改革是为了使整个俄罗斯经济融入世界市场，并尽快达到世界水平，吸引大量国外资金投入俄罗斯急需资金的生产部门，但改革的结果是俄罗斯经济急剧恶化，工资水平下降，通货膨胀形势严峻，生产投资萎缩，拖欠工资现象严重，传统产业面临崩溃的危险。俄罗斯工会从20世纪90年代初具有独立倾向的群众性组织、政府部门的反抗者到90年代末转变为社会合作者，发生变化的根本原因是工会没能在经济恶化的转轨期间忠实地承担起保护其成员利益的责任。工会组织为了在新的政治环境中得以生存和发展，不得不以调和、折中的"社会合作者"身份参与政府所倡导的三方会谈机制，俄罗斯工会在国家转轨的历史时期对于自身的社会地位和作用进行了重新界定。

在转型期的俄罗斯社会，面对向市场经济转变和经济全球化，面对一些社会危机，俄罗斯工会有大量问题需要解决。历史的经验表明，工会应起到维护职工合法权益的作用，不仅要在经济地位上维护，更要在政治地位上维护。随着俄罗斯民众经济地位的降低，政治地位的游离，工会如果不能发挥作用，则必然会失去广大群众，信任程度必然降低，甚至面临遭到群众抛弃的危险。同时，工会运动的健康发展对于国家经济的发展和社会的稳定具有重要的意义。

第四节　俄罗斯社会经济形势与俄罗斯工会联盟的社会职能

一　俄罗斯联邦基本社会指数

社会经济安全指数由社会人口、社会经济、社会文化及积分数四部分组成。以下是这四部分的具体数值。[①]

1. 社会人口指数

表 1-6　出生率

单位：‰

国家＼年份	1990	1995	2000	2001	2002	2003	2004
白俄罗斯	14.0	9.9	9.4	9.2	8.9	9.0	9.1
俄罗斯	13.4	9.3	8.7	9.1	9.8	10.2	10.4
哈萨克斯坦	22.3	17.5	14.8	14.8	15.3	16.6	18.2
德 国	11.4	9.4	9.3	8.7	8.7	8.7	—
美 国	16.7	14.8	14.7	14.1	13.9	14.1	—

---

① 数据出自俄罗斯列瓦达中心的统计。

表 1-7　死亡率

单位：‰

年份 国家	1990	1995	2000	2001	2002	2003	2004
白俄罗斯	10.8	13.1	13.5	14.1	14.8	14.5	14.3
俄罗斯	11.2	15.0	15.4	15.6	16.3	16.4	16.0
哈萨克斯坦	7.9	10.7	10.1	9.5	10.0	10.4	10.1
德 国	11.6	10.8	10.2	10.1	10.2	10.4	—
美 国	8.6	8.8	8.5	8.5	8.5	8.4	—

表 1-8　婴儿死亡率

单位：‰

年份 国家	1990	1995	2000	2001	2002	2003	2004
白俄罗斯	11.9	13.3	9.3	9.1	7.8	7.7	6.9
俄罗斯	17.4	18.1	15.3	14.6	13.3	12.4	11.6
哈萨克斯坦	26.3	27.3	18.8	19.1	17.0	15.7	14.5
德 国	7.0	5.3	4.4	4.3	4.2	4.2	—
美 国	9.2	7.6	6.9	6.8	7.0	6.6	—

表 1-9　平均寿命

单位：岁

国家/指数	男性	女性	国家/指数	男性	女性
白俄罗斯	63.2	75.0	德国	75.5	81.3
俄罗斯	59.0	72.0	美国	74.4	80.0
哈萨克斯坦	60.6	72.0			

其中，男性平均寿命为：

单位：岁

俄罗斯	发达国家
59.0	75.0

分析俄罗斯社会人口指数各项指标：表 1 - 6 中，从 1990 年到 2000 年，俄罗斯的人口出生率呈下降趋势，2000 年后开始有所回升；表 1 - 7 中，俄罗斯的人口死亡率在 1990～2003 年呈上升趋势，2004 年有所回落，但不明显；表 1 - 8 显示俄罗斯的婴儿死亡率在 1990～1995 年有所上升，1995 年以后逐年下降；表 1 - 9 中，俄罗斯人平均寿命普遍偏低，特别是男性平均寿命比德美等发达国家低 15～16 岁，比独联体国家中的白俄罗斯低 4 岁，比哈萨克斯坦也要低 1.6 岁。

2. 社会经济指数

表 1 - 10　人均肉食与肉制品需求量

单位：kg

国家＼年份	1995	2000	2001	2002	2003
白俄罗斯	58	59	59	57	58
俄罗斯	55	45	47	50	52
哈萨克斯坦	52	44	46	48	50
德　国	92	91	88	88	91

表 1 - 11　人均谷物与豆类生产量

单位：kg

国家/年份	1990	1995	2000	2001	2002	2003	2004
白俄罗斯	690	540	485	517	603	552	714
俄罗斯	787	428	450	590	603	465	543
哈萨克斯坦	1702	601	777	1070	1074	991	823
德　国	473	488	550	603	527	478	619
美　国	1222	1028	1203	1130	1077	1187	1310

表 1-12　人均肉类生产量

单位：kg

国家/年份	1990	1995	2000	2001	2002	2003	2004
白俄罗斯	116	64	60	63	62	61	64
俄罗斯	68	39	30	31	33	34	35
哈萨克斯坦	93	62	42	44	45	47	49
德　国	91	71	76	79	79	80	82
美　国	112	125	132	131	134	132	131

表 1-13　人均牛奶生产量

单位：kg

国家/年份	1990	1995	2000	2001	2002	2003	2004
白俄罗斯	732	497	449	485	481	474	524
俄罗斯	376	265	222	228	233	231	224
哈萨克斯坦	337	292	251	264	277	290	303
德　国	395	351	345	343	339	344	341
美　国	262	261	267	261	265	263	261

表 1-14　住宅建设数量

单位：每万人

国家/年份	1990	1995	2000	2001	2002	2003	2004
白俄罗斯	84	27	39	33	29	33	41
俄罗斯	71	41	26	26	28	30	33
哈萨克斯坦	68	12	7	8	8	12	15
德　国	32	74	51	40	35	32	—
美　国	52	50	56	55	57	58	—

　　此外，转型期俄罗斯的平均收入为 1.8 美元/小时，明显低于同时期美国的 20.5 美元/小时和德国的 24 美元/小时。而俄罗斯的贫富差距却高达 1:20，贫富差距状况明显比发达国家的 1:6 要严峻许多。俄罗斯居民的工资与社会保险在国民生产总值中所占份额为 33%，明显低于发达国家的 57%~65%。以上种种因素直接影响到

居民的各项需求和社会供应，如人均肉食与肉制品需求量，人均谷物与豆类生产量，人均肉类生产量，人均牛奶生产量及住宅建设数量等。

3. 社会文化指数

表 1 - 15　国家在教育及卫生事业中的支出
（在国民生产总值中所占份额）

单位：%

年　份 国　家	1990	2002	1990	2002
白俄罗斯	4.3	6.1	2.5	4.5
俄罗斯	3.5	3.5	2.5	2.2
哈萨克斯坦	3.2	3.0	3.2	1.9
德　国	—	4.6	5.9	8.6
美　国	5.1	5.7	4.7	6.6

表 1 - 16　医生与医护人员的数量

国家/指数	每万人拥有医生数	每万人拥有医护人员数
白俄罗斯	46.2	107.4
俄罗斯	48.4	112
哈萨克斯坦	36.3	77.4
德　国	33.7	87.4
美　国	25.4	36.2

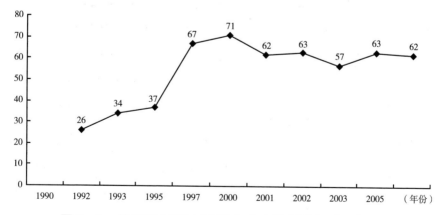

图 1 - 1　俄罗斯 1990～2005 年人力资源发展进程指数

　　分析俄罗斯社会文化指数可以看到，在 1990～2002 年间，俄罗斯在教育事业中的支出基本持平，在卫生事业中的支出有所下降；表 1－16 显示，俄罗斯每万人拥有医生数及每万人拥有医护人员数要优于其他独联体国家及美国与德国；图 1－1 显示了俄罗斯1990～2005 年的人力资源发展进程，从 1992～2000 年的极速增长到之后的趋于平稳，说明俄罗斯虽经历了转轨之殇，但人力资源的保有量尚占有一定的优势。

　　综合指数是综合了教育水平、生活质量及国民生产总值等各方面的指数。

　　1990 年，俄罗斯在该指数上居于相对高的世界第 26 位，这归功于苏联的成果，从 20 世纪 90 年代开始整体水平下降（1992 年居第 34 位，1993 年居第 37 位），1997 年下降到最低点，居第 71 位。这是休克疗法所带来的结果，把整个国家带到了社会灾难的边缘。从 2000 年开始，这个指数停止跌落并且有了缓慢回升。

　　对以上图表进行比较和分析，近 20 年俄罗斯的人口减少了1200 万人，2000～2010 年人口情况稍有好转，之后又出现问题——人口持续出现负增长，2013 年以后情况又开始有所转变。这种改变是俄国家在经济改革中忽视社会领域的结果，俄国家在苏联时期长期存在的诸多社会福利转换为收费服务，直接体现是免费教育和医疗越来越少，取而代之的是越来越多的收费教育和医疗，这严重影响了居民的生活水平。俄罗斯贫困人口的比例较大，有 20%的人口收入低于最低生活标准。需要采取相应的措施、推行必要的社会政策以改变这种状况。有俄罗斯学者提出，要恢复宪法中规定的福利国家的性质，关注社会发展，提供诸如免费教育、医疗、住房保障等的服务，还有学者提出要发展企业社会责任，发展社会组织，加强企业家责任。俄罗斯政府认识到经济发展带来的诸多社会问题，近年来不断调整人口政策、就业政策及对失业者的社会救助等，卓有成效。

二 社会标准是驾驭国家社会经济发展的主要工具

俄罗斯国家的社会标准体系表现在以下基本的社会关系领域：

——劳动报酬与劳动关系；

——就业保障与失业救助；

——退休金保障；

——药品与日用品需求保障；

——居民住房、市政与日常生活保障；

——教育与职业培训；

——科技；

——公共事业发展；

——文化；

——社会保险、社会救助与居民社会服务；

——保障生态安全；

——保障公民社会权利。

在劳动报酬领域通过立法制定了以下法规和标准：

——劳动报酬的最低水准；

——工人劳动报酬在预算领域的定额和标准；

——一旦超出规定的通货膨胀界限以及不及时支付工资时的法规；

——加班及节假日工作的工资支付标准。

劳动关系领域有以下法规和标准：

——招聘、解雇工人及计算劳动工龄的规定；

——延长每天、每周、每月工作时间的最高时限；

——享有每年带薪休假的权利；

——缩短从事复杂、繁重以及危险工作工人的工作时间；

——保障劳动安全的义务性需求；

——关于出现意外事故及职业病时组织的义务保险规定。

就业保障和失业救助领域的国家标准，包括以下规定：

——意外失业保险费规定；

——上报失业救助金的期限及数额大小的规定；

——寻找新的就业岗位的规章；

——关于失业者的再学习与职业再培训，以及给他们提供劳动就业信息的规章。

退休金保障领域的国家标准，包括以下规定：

——根据年龄、持续劳动工龄以及参与其他种类保险的情况，对公民退休金不同种类的规定；

——国家退休基金扣除团体及个人会员费的尺度及规定；

——确定和改变国家退休金的最低数额的规定；

——在超出通货膨胀界限时有关退休金指数的规定；

——对非国家性退休基金组织及其活动的规定。

保障大众商品及服务需求领域的国家标准，包括以下规定：

——居民对重要食品、非粮食性商品及服务（包括菜篮子工程）等需求的最低保障额；

——居民对所需日用品有降低价格或有其他优惠条件的需求，以及为保障这些优惠条件的实现，有关组织对政策实施进行监督的规章。

居民住房、市政与日常生活保障领域的国家标准，包括以下规定：

——住房保障及个人住房面积的标准；

——对亟须获得住房和改善居住条件公民进行登记的规定；

——为不同收入水平公民提供住房的规定；

——为居民提供不同形式市政服务的内容及标准；

——公民对住房及市政服务最大限度的可能性支出份额（在家庭收入总和中的份额）；

——对低收入群体在购买住房及市政服务时提供的补助金数额；

——每月物业及市政服务的最高限额，或者对这些服务调整税率的尺度；

——公民在住房、市政及日常服务领域享受免费、部分支付以及其他一些优惠条件的范畴；

——企业及单位在为居民提供住房和市政服务时的财政支出。

教育及职业培训领域的国家社会标准，包括以下规定：

——为国家及自治州学校和其他教育机构提供财政预算和物质技术保障；

——确定免费进入中等职业学校和大学就读学生的人数（在考试基础上进入这些学校学习）；

——地方财政为低收入家庭子女接受再教育提供帮助的规定；

——实现公民人人获得在幼儿园、中学、大学接受免费教育的权利的规定；

——规定对有特殊天赋的儿童和年轻人所在学校进行财政支持的形式；

——对某些可能对健康产生影响的专业实行免费教育的规定；

——对中学教材和练习册提供的保障。

科技领域的国家社会标准，包括以下规定：

——对科研机构（包括大学所属的研究所）的财政拨款；

——对科研机构（包括大学所属的研究所）进行课题研究的物质技术保障；

——为科研机构、课题组及科研人员提供补助的规定；

——科研人员的附加工资及其税率（包括大学所属的研究所）；

——科研人员的退休保障（包括大学所属的研究所）。

公共事业发展领域的国家社会标准，包括以下规定：

——规定国家及自治州卫生机构为居民提供免费医疗救助的形式；

——国家及自治州卫生机构对居民的免费医疗救助给予保障；

——规定可以享受保障医疗救助和药品制剂优惠的公民的范围；

——调整对主要药品的定价，并且界定保障对其免费、部分支付或实施一些优惠条件的居民的范围；

——保障居民的疗养服务；

——保障居民使用体育设施及进行体能训练时的教练员或教师；

——在不同预算条件下对卫生部门进行财政拨款。

文化领域的国家社会标准，包括以下规定：

——文化部门为居民提供服务保障；

——确定文化部门可以免费或者可以给予某种优惠的人员的范围；

——确定文化部门为保护民族文化遗产，在不同预算条件下应得到的财政拨款。

社会保险、社会救助与居民社会服务领域国家社会标准，包括以下规定：

——社会基金内部预算的建立及职能发挥；

——需要得到社会救助的公民的范围；

——社会服务部门提供免费社会服务或享受优惠的居民的范围；

——居民在不同预算条件下从社会保障及社会服务部门得到的财政拨款。

保障生态安全领域的国家社会标准，包括以下规定：

——准许周围环境污染的最大限度；

——保障公民获知周围环境确切信息的条件；

——对为保障生态安全而使公民受到的财产损失和健康损害应给予补偿。

保障公民社会权利领域的国家社会标准，包括以下规定：

——为公民提供专业法律援助（包括公证服务）；

——商品及服务需求权利的国家及社会保障；

——单位对其无权作为而给公民造成的损害应给予赔偿；

——对保障公民社会权利进行法律援助的单位提供财政拨款。

在税收及价格体系领域的国家社会标准，包括以下规定：

规定对公民及法人征税，并提供税收优惠，以及为适应国家立法而在需求市场领域内对价格及价格形成进行的调节。

三　工会在调整国家社会标准中的作用

在工会、政府和工业企业的三方会谈中，由于各工会之间存在矛盾冲突，不能够形成有机统一的谈判联盟以提高工会在三方机制中的地位和影响，使工会在立法和集体协商谈判机制中只能发挥有限的作用。同时，这种矛盾和竞争限制了俄罗斯工会组织参与社会合作和管理的权力。当然，自 1992 年参加三方协商委员会以来，工会联盟作为工会代表在增进社会合作伙伴关系、消除市场转型中的冲突与对立、参加制定劳动立法等方面还是做出了积极努力，并取得了一定的成绩。1995 年和 1996 年，工会通过一系列集体运动、谈判协商和政治游说参与法律规则的制定和修改，使工会联盟有权组建工会组织，有权就雇主任意取消劳务关系提请法律制裁，并有权通过罢工、集体协议和立法解决劳动争端，这对工会自身的独立性发展起到了积极作用。俄罗斯独立工联积极维护劳动者权益，这在 2001 年 12 月通过、2002 年 2 月生效的俄罗斯《劳动法》中有充分体现。在俄罗斯独立工联的积极推动下，2002 年，俄罗斯《劳动法》把《国际劳工公约》第 29 条纳为第 4 条，禁止强迫劳动。20 世纪 90 年代的在俄罗斯快速转型过程中，经常发生雇主延迟发工资的现象，当时法律中没有明确规定，致使很多雇主和企业逃避责任，新的劳动法规定，如果企业迟发员工工资超过 15 天，员工可以书面申请暂停工作，雇主要补发工资且给予经济赔偿，暂停工作期间的工资照发。《国际劳工公约》第 29 条的效率还得到了进一步加强，在俄罗斯新的劳动法第 4 条中添加了两条规定：一是雇主不发工资，视作强迫劳动；二是添加了有关劳动生产中劳动安全问题的规定，如果一个员工在危险条件下工作，算作强迫劳动。[①] 除此以外，俄罗斯独立工联与相关部门签署了一些协议：由工会、法院、检察机关一起进行劳动监察。独立工联与俄罗斯国家劳动监察部也签署协议：工会参与国家劳动监察部门的相关劳动监察工作。在俄罗斯，有工会组织的企业违反劳动法的情况更少。

俄罗斯独立工联认为工会是社会组织，由作为代表工会会员利益、保护会员权利的工会联盟，逐渐发展为具有以下社会功能的组织：维持社会和平；促进经济民主化进程发展；调解劳资双方矛

---

① 在国际劳动公约第 29 条中没有此说法，这是由俄罗斯独立工联倡议的。

盾；宣传劳动力价值；调整国家与劳动者个体的利益关系；保护生态环境；保障雇佣劳动力资源；支持集体协商谈判和会员培训。

直属俄罗斯独立工联的劳动与社会关系学院①所做的社会调查得出以下几点结论。

第一，近期劳动者对工会活动的态度有很大改变：也许20年前，在俄罗斯向市场经济转型时，劳动者只想从工会得到一些物质福利，如旅游、参观、疗养等。但是最近的调查发现，如今工会成员更多地想要工会保护其权利，保护其工作条件。现在工会的成员把工会的活动看成集体性保护的方法，想成为工会代表并就工作条件等与雇主进行谈判，因此工会成员的需求也从原有的物质需求转为权益需求。

第二，工会更加关注劳动力市场及指导劳动者与雇主合作。工会是俄罗斯公民社会特别重要的一部分。学院的社会调查显示，在现在的俄罗斯很多人并没有确切了解工会的工作和任务，但有很多人对工会活动感兴趣，特别是一些商务组织希望组建工会以保护劳动者的权益。工会的一个任务就是加固组织性，把工会作为一种社会组织进行加强。现在的工会成员中有1/3是年轻人（工会成员共有2500万人），这表明年轻人对工会活动有一定认识，意识到现在与雇主交往时需要采取一种集体性方法以保护自己权利。工会越来越懂得工作中不需要更多的行政命令，更多的是要了解劳动者的需要，工会不仅要给劳动者以物质福利，更应该教会劳动者自我尊重，学会保护自己的权利。

第三，工会更加有针对性地保护雇佣劳动者的权利。雇主与劳动者之间的利益有很大差别，俄罗斯工会与其他国工会的目标一致，主要是保护劳动者获得应得报酬。应得工资不仅是让劳动者生存，

---

① 俄罗斯工会高等院校，主要从事与工会相关学科的教学与研究，并指导工会的工作与实践。

还包括让劳动者发展。劳动与社会关系学院的专家认为，低水平工资不能让国家发展，低工资不能促使劳动者付出更多劳动，如果劳动者工资足够高，除了保证基本生活外，还能满足教育和文化艺术等需求，那么劳动者对国家的发展就将做出更多贡献，通过消费，进一步刺激经济发展。而雇主主张一个企业的最大任务是降低生产成本，工资就是成本的一部分，因此雇主不愿提高劳动者的工资。工会会通过工资集体谈判帮助劳动者争取权利。

第四，企业家越来越注重承担社会责任。在俄罗斯，企业如想得到更多机会，需要承担更多社会责任，工会在这方面很有影响力。社会伙伴关系有三个主体：劳动者、雇主和政府机关代表，工会与企业家联合会就工资、退休金、社会保障、就业信息等签署一些总协定，并就如何保护劳动者权利等问题积极与政府部门交流。工会联盟机构像一个蜂房，俄罗斯独立工联与国家谈判，区域工会与地方政府谈判，提出自己的要求，教师、医生等行业工会可以就自己的行业特点向政府提要求。

第五节　俄罗斯社会合作者眼中的工会——对我国工会的启示

一　俄罗斯社会合作者眼中的工会

不同的社会团体对工会及工会领导人形象的理解是不一样的，尤其让人们感兴趣的是和工会关系最亲密的社会合作者（企业领导、公司经理、其他行政机关代表以及和工会组织有直接联系的机构等）是如何评价工会的。为此，俄罗斯劳动与社会关系学院进行了题为"你们的社会合作者"的专业社会调查（询问了15个组织，这些组织都拥有产业工会，对 189 名回答者进行了访谈）。

对调查的问题"你们如何认识工会"有 44.8% 的人选择了"工会在现实条件下必须存在"，31% 的人认为"没有工会也可以"，其余 1/4 的人选择难以回答。显然，有相当一部分受访者认为工会不是一种必然的制度，而且没有培养和工会的联系。

同时，针对测试性问题"工会是不是会阻碍你愿望的实现，而你会立即远离它"，有 96.5% 的被访者斩钉截铁地回答"不是"。工会应该作为劳动者意志的唯一表达者和维护者——这是占统治地位的人的观点，但是工会应该以另一种姿态生存。大部分人基本上都不赞成和工会脱离，而是希望工会在不久的将来能不断地革新。被访者普遍持有以下几种观点："工会在将来要履行自己的义务"，"工会是俄罗斯唯一代表劳动者利益的组织"，"工会应该帮助劳动者解决实际性问题"。

被访者对工会在具体企业中的基本职能持怎样的观点见表 1 - 17。

表 1 - 17　针对"工会应该做什么"问题的回答

	职能	赞成比例(%)
1	保障劳动者的劳动权	44.8
2	解决生产过程中的劳动争议	31.0
3	与行政机关共同组织社会活动（文化、体育、卫生等）	20.7
4	在行政机关解决经济与社会问题时给予帮助	17.3
5	对行政机关有关社会方面的支出进行监督	17.2
6	给劳动者必要的物质及道义上的帮助	13.8

从表 1 - 17 可以很明显看出：大部分受访者认为，工会组织在企业中的最基本职能是保障劳动者的劳动权，其次是解决生产过程中的劳动争议及与行政机关共同组织社会活动。要想履行以上三种

职能，最重要的是工会与社会合作者（行政机关）及劳动者本人的预期。至于对行政机关有关社会方面的支出进行监督和在行政机关解决经济与社会问题时给予帮助这两项职能，很多受访者认为它们不是工会的工作范围（只有各约17%的受访者持赞成意见），他们认为这是行政机关领导的分内之事。另外，有13.8%的受访者认为工会应该是慈善组织（公益组织），给予劳动者必要的物质及道义上的帮助。

对工会组织和企业本身的工会委员会工作，没有任何一个受访者做出优秀的评价。接近1/4（24.2%）的人认为是"很好"，大部分人（44.8%）表示"满意"，而接近1/3（31%）的人认为"很差"。做出如此的评价，受访者提出了自己的理由——尽管有很多不同的原因，但是工会作为一个组织，它的活动既没有反映雇主的意愿，也没有积极地反映劳动者的意愿。

可能正是出于这个原因，在工会与行政机关之间很少有或者基本上没有意见分歧和争议。分别有17.2%和55.2%的受访者持以上两种观点，另外有将近1/4（24.2%）的人选择难以回答。如果它们之间偶然出现分歧与争议（有20%的受访者认为有可能），受访者认为原因可能有以下几个：

——对双方在组织活动中的地位和角色有不同的理解——27.6%的人赞成此观点；

——工会的职能被缩减，成为行政机关的附属机构——24.2%的人赞成此观点；

——对组织中出现实际问题所产生的结果和影响的评价有分歧——20.7%的人赞成此观点；

——不考虑企业的可能性，工会有赚取更多利益的欲望——17.2%的人赞成此观点；

——工会与行政领导由于新措施实施而产生分歧——10.3%的人赞成此观点；

行政机关与工会之间出现分歧与争议的根本原因在于，如上述所示：在解决内部生产和社会问题时，双方对各自角色的理解有差异，工会试图创造自己的工作特色，或者是完全抛却自己的责任，而把工作责任完全推给行政机关，甚至对于行政机关实施的新措施也不总是能友善对待。因此，对于引起双方（行政机关与工会委员会）争论的问题应通过适当方式合作讨论并寻找到双方都满意的解决方式。

对于"如何评价您与您所在企业工会主席的关系"问题的调查，被访者的回答结果如下："很好"——7.0%，"一般"——37.9%，"可以忍受"——31.0%，"不重要"——3.5%，"很差"——10.3%，"都不是"——10.2%。可以把以上结果分为三组：第一组包括45%的受访者，他们认为与工会主席的关系很好或一般；第二组（将近1/3受访者）倾向于给出中等评价；第三组（将近1/4受访者）给予了消极评价。以上数据可以说明，一方面，应当正确选择善于与人和睦相处的人作为工会领导人；另一方面，工会领导人应避免与人发生冲突，即使是在损害事件发生时也应保持温和的态度。因此，我们可以看到，工会主席的能力是和其本身的工会专业知识、综合知识面程度、个人专长及经验分不开的。在调查工会领导人在开阔视野方面存在哪些不足时，38%的受访者认为他们在文化知识方面存在欠缺，20.7%的人认为他们在与行政机关合作方面经验不足。知识方面的不足，首先是对工会地位、角色、自身义务和权利的认识的不足。

调查者给工会提出了一些建议，并请受访者选择出了他们所认同的建议。以下是对受访者的回答做出的整理。

1. 工会必须坚持会员的利益——20.7%；

2. 工会是十分单纯的组织，不应从事经济、生产和与商业利益挂钩的经营活动——17.2%；

3. 工会应帮助行政机关建立集体的关系、消除压力、预防和解决争议——7.0%；

4. 工会在集体中的影响力无足轻重，它们不直接解雇工人——13.8%；

5. 工会的力量不容忽视——10.3%；

6. 工会会阻碍行政机关的规则和生产秩序——0；

7. 工会可能有益，也可能无益，主要取决于谁来领导它——55.2%。

很明显，最后一个建议有超过半数的受访者赞同，这一点是很需要注意的。的确，工会活动的有益或无益在很大程度上取决于它的领导者，取决于领导者如何来领导。

社会合作者中的行政一方很少期望能从工会方面得到帮助，尤其是在建立集体合同关系、消除压力、预防和解决争议方面（仅仅7.0%的受访者认为在这方面会有帮助）。17.2%的人确信工会是十分单纯的组织，不应从事经济、生产和与商业利益挂钩的经营活动。当然，也没有任何一个受访者认为工会会阻碍行政机关的规则和生产秩序。

可以认为，工会和工会领导者对合作方有客观的理解——不会相互阻碍，对相互之间的帮助也没有很高的期望。工会政策的"软弱无力"想必会让雇主和工会领导者和平共处，没有争议。但行政机关、雇主和工会会真正考虑劳动者的利益吗？根据最新调查，可以说没有，劳动者是易受损害的群体，行政机关不考虑他们的利益，而工会害怕损害与行政方的关系，对社会保障等严肃问题（如工资、劳动条件、劳动保护等）力求回避，只是关注有关慈善等的一些小问题，工会的这种态度不见得能帮助提高自身的威望及声誉。

在调查过程中调查者试图得到对以下问题的回答：通过和工会主席及其他工会工作人员的日常交往，你如何评价工会工作人员的整体素质？表 1 - 18 列出了有关知识水平、能力和性格方面的 16 种素质，每种按满分 10 分计算，得出如下结果。

表 1 - 18　对工会工作人员的素质评价

素质	评价分数	评定名次	素质	评价分数	评定名次
法律知识	5.10	15	达到目的的毅力	6.08	6
经济知识	4.09	17	智慧、理智	5.35	11
心理学、伦理学知识	4.17	16	公正	5.32	12
社会问题知识	6.30	2	正直无私	5.17	13
生产知识	6.13	4	积极主动	5.63	8
组织群众参与活动的能力	7.13	1	认识新事物	5.14	14
谈判能力	6.08	5	自制力	6.14	3
处理争议能力	5.61	9	对人们的关注度	5.65	7
协调能力	5.50	10	平均分	5.23	

值得注意的是，表 1 - 18 对工会工作人员素质评价的平均分仅为 5 分多一点，这个评价，委婉地说不是很高。受访者认为，工会工作人员的知识素质是最差的，其中包括法律、经济、人文（心理学、伦理学等）知识，对这三项的评价处于评定名次的最后三位（15～17 位）。对社会问题的认识，受访者给了 6.3 分的评价，很显然，这与工会工作的特点有很大关系，而对生产知识的评价——6.13 分——也是可以理解的，因为大多数工会主席是工人出身。

对于实践能力的评价稍微高一些，处于评价名次第一位的是组织群众参与活动的能力（7.13 分）。对参与谈判的能力给予了比较高的评价，比较糟糕的是处理争议的能力。受访者认为工会工作人员的不足之处在于：达到目的的毅力和协调能力较弱。

对个人性格的评价，排在第一的是自制能力，以 6.14 分占据第三位。受访者对工会领导以下人员的性格评价不是很高，包括对人的关注程度，积极主动性等。受访者认为工会工作人员的诚实无私和公正表现不是很明显（尽管工会工作的基本原则之一是体现公平）。对工会工作人员的智慧和理智评价不高（5.3 分，占第 11位），认识新事物的能力同样不足（5.14 分，占第 14 位）。

对于"你最希望看到社会合作者具备什么样的素质"这个问题，受访者有不同的期望。概括来说，社会合作者希望工会领导人具备更多的社会与法律知识，更多的专业知识（知道自己的工作范畴），对人更加关注。有责任感、积极主动性、达到目的的毅力、更多的理智，正直无私，能更好地接受新事物。当然这些不仅仅是工会领导人需要具备的素质，也是行政领导人应具备的。

涉及工会与工会领导人的关系问题，受访者发表了一系列意见，仅列出以下有代表性的几个。

1. 工会应该提高干部的业务水平，以使工会与行政方能同心协力；

2. 希望俄罗斯工会能像其他国家工会一样体现自己的影响力；

3. 工会是任何一个现代企业都不可缺少的组织；

4. 应该给工会工作更大的空间和权力，工会工作人员应具有社会问题方面的知识并且善于与人沟通；

5. 作为工会工作人员更愿意看到更多积极的劳动者。

对于整个调查，结论主要有以下几个方面。

1. 尽管人们对工会和其领导有诸多的不满，但毋庸置疑，工会是现代社会能够代表和维护工人利益的唯一力量。然而，工会必须更加有战斗力、防御能力，有能力捍卫自己的地位。

2. 对工会而言，现在的工人不仅仅希望能从工会获得物质及道义支持，更希望工会能解决一些与社会劳动关系有关的问题，首先是保障劳动者劳动权益的实现。

3. 工会和雇主之间很少有意见分歧和争议，从调查的结果分析来看，不是因为合作双方相互理解，而是工会不希望相互间产生争议，以此来保障自身工作的安定。

4. 当今工会领导人令社会合作者不满意的原因首先是他们没有开阔的视野和很高的文化修养。工会领导人专业知识不足，没有充分适应市场经济条件的知识和能力，并且受到品格方面的质疑（比如是否正直、公正等）。

5. 工会领导人的形象（威信和声誉等）在当今主要由以下几方面塑造：（1）世界观和文化修养；（2）职业技能；（3）专业知识（内行）；（4）积极主动性；（5）社会道德素质。

6. 对工会进行的社会学研究是重要的信息来源，它能反映加入工会或未加入工会的普通劳动者情绪和需求的变化。对工会运动的社会学研究是工会统计资料的最重要来源，代表工会进行协商对话的工会领袖和代表企业的雇主代表，以及管理国家经济的社会劳动关系领域的国家机关代表，都十分需要这些统计资料。

综上所述，当今俄罗斯工会活动的有效性在许多方面由工会积极分子队伍的素质来决定。到21世纪初，俄罗斯许多工会都遇到了工会委员会代表和工会领袖的培养问题，也遇到了工会干部老化的问题。问题在于，工会的社会伙伴——执行权力和雇主联盟的代表——在社会对话的所有问题（从工资的计算到实行如提高工会的法律保障）上要比工会委员会的代表内行得多。因此，迫切需要受教育程度高的能干的工会管理层。

工会干部的素质问题无疑关系到其他许多问题，如提高工会的吸引力问题、加入俄罗斯工会的动机问题。根据俄罗斯工会报刊的内容判断，这些问题是 20 世纪 90 年代整个过渡时期有关俄罗斯工会运动前景争论最多的问题。如今，对这些问题的讨论取得了进展，工会已经在制定具体的入会动机的纲要、树立工会新的社会形象。在这里特别值得注意的是建立工会内外公共关系的有效机制问题。在对内公共关系上，主要工作是建立所谓"社会保障账号"（包括对企业普通劳动者实施的一切必要的一揽子社会保障）以作为个人和集体合同的补充，树立和宣传工会在劳动集体中的良好社会形象。在对外公共关系上，主要活动与大众传媒，也与研究保护劳动群众利益的其他社会组织、政治运动和政党有关。

以上的所有问题决定了 21 世纪俄罗斯工人运动和工会发展的特殊性。但必须指出，21 世纪初，俄罗斯的工会是规模最大的公民社会组织，有 3000 万人加入，占各种所有制形式的企业工人总数的 45%。这样高的数字表明工会在调节劳动关系中发挥着重要作用，工人对工会的信任与期待，以及完善工会工作的必要性，全在于如何在当今自由市场条件下提高争取工人阶级利益的斗争的成效。

二 给我国工会带来的启示

在中国，市场经济改革深入之后，随着大量企业的破产、改制以及民企、外企的出现，损害劳动者利益的劳资纠纷越来越多，人们开始重新审视工会的作用。在这种现实背景条件下，工会的职能转换问题前所未有地被摆在了每一个人的面前。

党的十八大明确提出构建和谐劳动关系。在新的历史条件下，努力构建中国特色和谐劳动关系是加强和创新社会管理、保障和改善民生的重要内容，是建设社会主义和谐社会的重要基础，是经济持续健康发展的重要保证，是增强党的执政基础、巩固党的执政地位的必然要求。但是，我国正处于经济社会转型时期，劳动关系的主体及其利益诉求越来越多元化，劳动关系矛盾已进入凸显期和多发期，劳动争议案件数量居高不下，拖欠农民工工资等损害职工利益的现象在有些地方仍较突出，集体停工和群体性事件时有发生，构建和谐劳动关系的任务艰巨繁重。这就给工会提出以下挑战。第一，如何依法保障职工基本权益？这其中包括切实保障职工取得劳动报酬的权利、切实保障职工休息休假的权利、切实保障职工获得劳动安全卫生保护的权利、切实保障职工享受社会保险和接受职业技能培训的权利。第二，如何健全劳动关系协调机制？这包括全面实行劳动合同制度、推行集体协商和集体合同制度、健全协调劳动关系三方机制。第三，如何加强企业民主管理制度建设？包括健全企业民主管理制度，推进厂务公开制度化、规范化；推行职工董事、职工监事制度。第四，如何健全劳动关系矛盾调处机制？包括健全劳动保障监察制度、健全劳动争议调解仲裁机制、完善劳动关系群体性事件预防和应急处置机制。

工会转型是工会存在的基础或前提，结合俄罗斯工会转型及我们国家的实际情况，笔者尝试提出以下三点建议。

第一，在强大的资方面前，每一个工人都是非常弱小的。工人们只有团结起来，才有可能与资方抗衡。工会的价值也正体现于此。世界正在一体化，经济正在全球化。民主、法治、平等、工人权益……现在在很多方面都有国际标准。中国工会在依据国情确立自己的中国特色的同时，也要参考借鉴国际之道的经验教训，"与国际接轨"。

第二，虽然《劳动法》、《工会法》、《劳动合同法》等法律都赋予了工会地位和权利，但是许多权利并没有得到法律切实的保障，法律无法切实地维护工人权益。而且，一些地方政府为了招商引资，甚至默许外企不建立工会的行为，不遵守我国相关法律，导致工会被进一步架空。因而，我们必须严格遵守相关法律，确保工会的法律权利，促进工会固有职责的回归，使工会早日成为有效制衡资方、维护工人权益的强大组织，这将促使企业做到真正以人为本，有利于劳资和谐，从长远来看，无论对于资方与职工方，还是对于社会，都是有益的。

第三，如果工会不能有效地"维护职工权益"，那它也不可能做到"促进企业发展"和"保持企业和谐"。这首先是因为工会如果在职工面前失去了威信和号召力，如果职工感到自己的权益受到资方的侵犯而又得不到维护，那么他们对企业及工会的认同感和忠诚度就会下降。目前的当务之急，除了要在企业特别是非公有制企业中普遍建立工会组织外，更要从法律层面赋予并有效使用工会维护职工合法权益的有力手段，用制度来保证工会的尽心尽力，使其依法维护职工的权益。

第二章
俄罗斯政府对非政府
组织的态度及调控

俄罗斯社会团体是在国家快速转型过程中由国家力量自上而下来推动和建立的。苏联解体后，伴随着社会转型，非政府组织在俄罗斯从无到有，并且不断地发展壮大，对俄社会产生了深刻影响。近年来，东欧和中亚地区的一些国家发生了"颜色革命"。以美国为首的西方国家，借用非政府组织对俄罗斯的科研、教育和大众传媒施加影响，甚至有些非政府组织直接给反对党提供资助，插手选举活动，引起了俄罗斯的警觉。2000年普京总统上台执政以后，加强了对非政府组织的监管与调控。

第一节　俄政府对非政府组织的态度变化

俄罗斯政府对非政府组织的态度与其国家的政治文化和向市场经济转型有关，态度的转变体现为如下几个时期。

一　苏联时期：俄罗斯传统的村社文化和苏联"中央集权"的高度管控，制约了俄罗斯社会团体的发展

俄罗斯庞大的中央集权专制下的社会结构一直延续到了1917

年，而后的苏联时期也一直奉行高度的中央集权，国家承担一切社会职能，这种高度集中的计划体制和社会结构使本土非政府组织难以生存。在整个苏联时期，不受国家控制的社会活动和公益事业几乎是不存在的，非政治和非国家的公民社会领域几乎是一片空白。

二 戈尔巴乔夫时期：戈尔巴乔夫的政治和社会改革措施为非政府组织提供了发展机遇

俄罗斯真正的社会团体最早应该是出现在苏联的戈尔巴乔夫执政期间。戈尔巴乔夫上台执政之后，为了巩固自己的位置，制定了多项政治和社会改革措施。1986 年，他亲自召回了在高尔基城流放了六年的著名的持不同政见者萨哈罗夫，从此，各种反党反社会主义的活动或公开或隐秘地泛滥开来，萨哈罗夫则迅速成为民主派领头羊；此时，距戈尔巴乔夫宣布辞职的 1991 年 12 月 25 日不到三年时间，而那一天也标志着苏联的解体。

在 1987 年苏共一月会议上，戈尔巴乔夫在进一步谈到"社会经济自治"时说，要"发挥劳动者主动精神和自主精神以及调动其在经济领域和社会领域广泛管理民主化的可能性"。为培育和引导民众对苏联社会主义改革的创造性和责任感，鼓励他们脱离共产党的直接控制，进行政治参与，并允许他们不经党的指导和参与就可以建立非正式的组织团体。他提出"多一些民主"，大力提倡"民主化"和"公开性"，这些都是开放公民社会、提倡公民结社的标志，民众也普遍欢迎和积极响应这些开放性的政策。由此，涵盖范围很广的各类"社会组织"纷纷建立，其中以"人民阵线"为代表的各类公民自发团体组织骤然兴起并迅速壮大。其中有些组织后来发展为俄罗斯现在较为著名的社会团体，比如俄罗斯生态与环境保护组织等。

1988年6月，戈尔巴乔夫召开会议，决定将改革重心从经济领域全面转向政治领域。1989年7月，叶利钦与萨哈罗夫等一批持不同政见的议员组建了"跨地区议员团"，要求"公民有组织社会团体和政党的自由"。可以说，俄罗斯的社会团体是戈尔巴乔夫改革时期实施社会生活"民主化"的产物。"但是，这些组织的建立也并不意味着出现了一个'成熟的公民社会'，当时它们并未被赋予合法地位，仍旧是弱小的"，支离破碎的，还不足以成为构成政治舞台的关系网络的一部分，政治活动的舞台仍被看作政党—国家的权力范围。

三　叶利钦时期：适应市场转型需要，俄罗斯非政府组织得到空前发展，为西方非政府组织对俄渗透打开了大门

俄罗斯独立后，叶利钦执掌俄罗斯政权，政府通过多项立法对现有的社会团体进行保护和规范，并鼓励发展俄罗斯的社会组织。俄罗斯联邦在1991年1月和12月通过决议，宣布《苏联社会联合组织法》适用于俄罗斯联邦全境，这为社会团体的成立提供了法律基础。

1993年俄罗斯宪法第30条规定，每个人都享有自由组成社会联合组织的权利，其中包括组成工会以维护自身利益的权利。法律保障了俄罗斯公民的结社自由和组织社会团体的权利。1995年4月通过的俄罗斯联邦《社会联合组织法》第3条规定，俄罗斯联邦公民有权根据自己的意愿，并且无须国家权力机关和地方自治机关的事先批准，成立社会联合组织。俄罗斯联邦公民也有权在遵守其章程规定的基础上加入社会联合组织。《社会联合组织法》第7条指出，社会联合组织的法律组织形式可以是社会组织、社会运动、社会基金会、社会机构、社会自治机关。而其中的社会组织又包括政

党、工会、妇女组织、青年组织等，社会运动包括具有政党性质的
社会政治运动。1995 年俄罗斯联邦国家杜马通过《非政府组织
法》，1996 年俄罗斯政府又颁布《非营利组织法》，这些法律的颁
布确立了非政府组织的合法性地位。叶利钦执政期间，社会团体的
法律和政策环境十分宽松，俄罗斯的社会团体也迅速发展起来，民
众集会和结社的自由与权利不断扩大。1993 年，在联邦和地方司法
机构注册的社会团体的数量为 5 万个，1997 年夏天达到 6.6 万个，
而到了 1998 年，俄罗斯在册社会团体发展到了 15 万个。① 仅在新
西伯利亚州，20 世纪 90 年代中期公布的非政府组织有 400 个，可
到了 1999 年就发展到 1800 个。俄罗斯独立后，非政府组织的发展
速度是相当快的。

四 普京时期：可控式民主既可以促进非政府组织的发展，又可以给予必要的监管

自普京执政以来，俄政府不断出台越来越背离西方民主观念和
模式的治国之策，其强国理念和权力布局更引发了西方的极度不满
和持续遏制。因此，外国非政府组织特别是西方倡议型非政府组织
也加紧活动，推进俄罗斯"民主化"，它们倡导的民主自由价值理
念冲击着俄原有的价值体系，给俄政府造成越来越大的压力，"颜
色革命"也引起了俄政府对外国非政府组织的警觉。

普京 2000～2008 年任总统期间，使俄罗斯在政治、经济、军
事实力上均有相当程度的提升，普京采取了一系列旨在培育俄罗斯
的公民意识、建立自上而下的政治和法律保障体系的措施，促使俄
罗斯的社会团体也随着经济的复苏而发展壮大起来。普京强调社会

---

① Агентство социальной информации, выпуск 7 (168), 20 – 26 февраля, 1998 г.

团体的发展对民主的推进作用，主张社会团体和联邦政府政策制定者之间建立一种合作关系。2001 年，普京特别召见了 7 个联邦区的总统特使，敦促他们推动市民社会的建设和鼓励社会团体的发展。同年 6 月，普京又会见了社会团体的代表，鼓励社会团体在公共生活中发挥积极作用，并建立一个"公民组织议院"。据统计，在莫斯科，截至 2001 年登记注册的非政府组织的数量已经达到了 2 万个之多。2002 年普京为推动社会组织发展，倡议组织了"公民论坛"，广泛吸收和容纳社会团体，与政府管理部门就某些问题进行讨论。在普京的倡导和政府的积极措施推动下，俄罗斯社会团体数量不断增多，在全俄罗斯，定期或不定期参与非政府组织活动的人数接近 200 万。2004 年普京再次当选俄罗斯总统，他向全国致辞说："我向你们保证，我国人民所有的民主成果将得到保障。而且我们不会停留在已有的成果上，我们将巩固多党制。我们将巩固公民社会，竭力保证媒体言论自由。"但在 2006 年 1 月 10 日，俄罗斯国家杜马和俄联邦委员会通过并颁布了俄联邦《修改若干俄联邦法律文件法》第 18 号，修改部分俄联邦法律，重点修改了 1995 年颁布的《社会联合组织法》和 1996 年颁布的《非营利组织法》。

俄罗斯政府倡导以"爱国主义"、"强国意识"、"国家作用"和"社会团结"为核心的"新俄罗斯思想"，重点则是发扬优良的民族传统，作为俄罗斯所倡导的"可控的民主"和"主权民主"，主张民主应适应本国的特定条件，而且不能容忍他国利用民主问题为自己谋求利益，民主制度与原则必须适应俄罗斯，适合俄罗斯的发展现状和阶段，适合俄罗斯的历史与传统。普京对本土非政府组织的扶持及对外国非政府组织的监管正是符合了这一需要。

第二节 俄非政府组织的分类及几个有重要
影响力的非政府组织介绍

一 俄非政府组织的分类及资金来源

（一）本土非政府组织

据俄国家杜马（议会下院）统计，目前在俄境内共有约45万个各类非政府、非营利性社会组织。其存在的法律形式有：消费合作社、社区与宗教协会、基金会、创设组织、草根组织、农民协会、国家社团等，其中最具影响力的是创设组织，占总数的43.6%，其次是社区与宗教组织，占总数的27.7%，消费合作社，占总数的11.4%，其他类型占17.3%。① 俄非政府组织主要类别有以下几种。

一是企业慈善机构。主要由大型商业集团或银行提供活动资金的非政府组织，其活动目的带有纯慈善性。俄成立此类慈善机构的企业不多，且基本上都是大型企业，如俄罗斯通信公司、卢克石油公司、尤科斯石油公司和一些银行。

二是私人基金会。其活动经费一般来源于某些富人或富裕家庭提供的私人基金运转资本所产生的利息。如波塔宁慈善基金会，别列佐夫斯基在国外成立的"法律捍卫者"基金会，戈尔巴乔夫建立的"社会经济与政治研究"国际社会基金会等。

三是中介组织。由于缺乏先进的管理和组织能力，俄政府所属的基金会或行业协会在实施具体的政府拨款计划时往往邀请某些具有相应经验的专门机构参与计划的实施。这些机构中就包括俄境内

---

① http://www.ngopravo.ru.

专门从事慈善活动的国内外非政府组织，如民族基金会、世界学会、欧亚基金会、国际研究与交流理事会、慈善援助基金会等。

四是社区组织。近年来在俄一些地区出现了由当地民众自发组织的社区组织，其活动宗旨是解决地区存在的社会经济问题和促进地区发展，如西伯利亚和远东城市协会、远东和后贝加尔地区区间合作协会等。尽管目前这类组织数量有限，但与20世纪90年代以前一片空白相比已取得明显进步。

最强势的非政府组织主要分两类：一是社区协会；二是宗教组织。这既反映出俄罗斯在社会结构方面的巨大变化、公民自治能力的提高，又从另一个侧面反映出俄罗斯人精神生活许多微妙的变化。

（二）外国非政府组织

俄境内西方非政府组织多以基金会、友好协会、科研机构、跨国公司和咨询公司等为名开展活动，其中绝大部分为美国所控制，影响最大的有以下几个。

一是索罗斯基金会。1992年由美金融家索罗斯创立，总部在纽约。公开宗旨是：支持东欧、原苏联等国的科研工作，向正在进行社会改革的国家提供帮助。基金会常为美情报部门所用，在承担一些政府委托项目时，经费也由相关政府机构提供。索罗斯基金会是俄最大的私人慈善基金，从苏联时期至今，该基金在俄境内的主要活动是在教育、科学、文化、新技术的发展、地方自治与管理、公民社会的构建等领域帮助俄实施改革。主要做法是对相关机构和学者的研究给予资金支持，组织俄大学与外国大学进行学术交流。目前该基金会在莫斯科、圣彼得堡、萨马拉、下诺夫哥罗德、新西伯利亚等30多个大中城市设有分支机构。

二是福特基金会。1936年由美国汽车业大亨福特家族出资创立，总部原在美国密歇根州，后迁至纽约。目前该基金会已成为世界最大的国际慈善机构之一。公开宗旨是巩固民主价值，推动国际合作，促进人类发展。1996年福特基金会在莫斯科设立办事处，重点资助俄罗斯人文学者进行政治、经济、对外政策和国际关系等领域的研究工作。

三是卡耐基国际和平基金会，也称卡耐基基金会，1910年由安德鲁·卡耐基出资创立，总部在华盛顿。公开宗旨是向权力机关和社会机构提供当前的政治、经济、社会、军事等信息。1992年在俄成立"莫斯科卡耐基中心"。主要活动方式是组织召开研讨会，邀请俄国内外权威专家讨论政治、经济、社会、军事及生态等问题。在研讨的基础上，该中心委托有关专家总结讨论结果，撰写分析报告，提出评价和建议，并提交卡耐基基金会华盛顿总部或美当局，为其制定对俄政策提供参考。

四是国际共和研究所。1983年成立，总部设在华盛顿。公开宣称以帮助他国推进和巩固民主制度为宗旨，遵循美共和党奉行的基本原则。活动经费主要来自美国际开发署。在莫斯科和圣彼得堡设有办事处。它积极与俄社会政治团体开展合作，资助自由派政党的发展，包括组织培训、提供技术设备及竞选资金等；与俄执政集团建立"建设性"关系，对某些人物施加影响；加强与青年组织等团体的联系，向俄年青一代灌输西方政治理念与价值观。

五是国家民主研究所。1983年由美民主党出资创立，总部在华盛顿。该研究所以传播美在国家、社会制度等方面的政治理念为宗旨。主要经费来自美国际开发署、民主后援基金会及其他私人捐助。1989年开始在俄活动，在莫斯科设有办事处。其主要活动包括收集俄国内局势的信息，与社会政治团体加强交往，并在组织、培训及技术方面给予支持。

（三）本土和外国非政府组织的资金来源

本土非政府组织的资金来源有如下几个：一是联邦政府和地方政府提供的预算资金；二是非政府组织的服务与销售；三是会员会费、国内外捐助及其他。

外国非政府组织的资金来自以下四个渠道。一是外国政府财政拨款。俄境内大部分外国非政府组织具有政府背景，如"地区倡议"（美国国务院）、欧亚基金会（美国国际开发署）、俄联邦德国经济联合会。二是政党资助。如美共和党和民主党出资建立的美国国际共和研究院和美国国家民主研究院。三是大型企业捐助。如微软、苹果和麦当劳等大型跨国企业都是国际性非政府组织的主要捐助者。四是个人捐赠。如乔治·索罗斯、汉伦·巴菲特、比尔·盖茨等跨国企业的老板均设立了自己的非政府组织，且对其他非政府组织的捐款也较为慷慨。这类外国非政府组织的背后往往还有外国情报机构的身影。

俄联邦安全机构也不时挫败了多起外国非政府组织从事的间谍活动。据俄情报部门公布的资料显示，俄境内的外国非政府组织一部分曾公开宣称要在俄罗斯扶持并建立"真正的民主政权"。

第三节　俄政府对非政府组织的调控

一　近些年的主要做法和不断完善

（一）多层次法律管理体系

2004 年以来发生的"颜色革命"引起了俄联邦政府的警惕，俄国家杜马经过调查得出一个重要结论：各国相继发生的"颜色革命"背后都有外国人和外国非政府组织的参与和资助。

2004 年俄罗斯总统普京向联邦议会提出，一些非政府组织的不正当活动是非常严重的问题："在我国，有成千上万的公民协会和联合会，但他们不是把所有精力都集中在维护人的实际利益上。一些组织的首要任务是从有影响力的外国基金会获得资金，服务于可疑组织和商业利益，这是国家最严重的问题，公民权利也被忽视。"在《全球化下世界软治理》框架下，民族国家及决策者对非营利性组织的监控影响着国家治理结构。

2005 年 5 月，在国家杜马的"政府时间"中，联邦安全局局长帕特鲁舍夫提出要加强对非政府组织的法律规制："不完善的立法和有效的公共管理机制为以慈善和其他活动为幌子的情报行动铺平道路。"需要开展针对非政府组织的立法活动，以约束以下不当行为：不透明地为非政府组织提供资金和获取收入；利用非政府组织洗钱，偷税漏税；企图在俄罗斯通过非政府组织的内部情况获得政治影响力；在独联体"颜色革命"中发挥作用；造成极端主义和恐怖主义的相关问题。

俄政府积极致力于有关非政府组织的立法活动：《俄罗斯非营利组织法》、《社会联合组织法》、《慈善法》三部法律的立法目的和调整范围有所不同，内容上既有分工，又相互联系，共同构成俄公民结社和非营利组织管理的法律体系，为俄公民社会的建设创建了较为完善的法律平台。

2006 年 1 月生效的俄联邦《修改若干联邦法律文件法》的核心内容是对外国公民在俄境内结社增加了限制条款，并对外国非政府组织在俄设立机构开展活动特别是资助活动进行了严格规范，对于外国非政府组织除了将其作为普通非营利组织进行一般化管理之外，还将它们在俄开展活动做了区别对待，制定了更为严格细致的特殊规定条款。

该法案规定，政治活动不包括在科学、文化、艺术、卫生保健、预防和健康保护、社会支持和保护、保护母亲和儿童、残疾人的社会支持领域的活动。法案提倡健康的生活方式、教育和体育，推动慈善事业和志愿保护动植物的志愿服务。该法案的某些条款并不适用于非政府组织所创造的宗教组织、公共机构、上市公司、国家和地方政府（包括预算）的机构、雇主协会和商会。

该法案还规定了作为非营利组织的外国代理人的登记制度，要求申请列入登记册应当在非政府组织授权外国代理人开展活动之前。对这类组织及其分支的年度会计（财务）报表须进行强制性审计工作。

非政府组织充当外国代理人，应当向授权的非营利组织的联邦一级注册机构提供包括每半年一次的关于其活动和理事机构以及资金和财产支出单据情况的报告文件，包括资金的国外来源——季度报告，审计报告——年度报告。这些非营利组织每半年需要对它们的活动做一次互联网报告。

2005～2006年，非政府组织立法（《非营利组织法》、《社会团体法》、《封闭行政区法》）相应引入了一些修改。主要的变化体现在表2－1中。

表2－1　关于非政府组织立法的一些修改

修改前	修改后
关于非政府组织的注册	
没有明确哪些社会团体不能进行登记	确定5种社会团体不能进行登记
《非营利组织法》中没有限定外国非政府组织分支机构的活动	《非营利组织法》限定了外国非政府组织分支机构的活动
没有详细条款要求外国非政府组织分支进行登记	更详细地说明外国非政府组织分支进行登记的要求以及拒绝给其注册的理由

修改前	修改后
有对社会团体创始人的要求	扩大对社会团体创始人的限制,包括对外国公民的限制
没有定义"外国非政府非营利组织"	确定"外国非政府非营利组织"及其分支机构的定义
关于限制非政府组织的活动和撤销组织的理由	
不禁止外国非政府组织的分支机构在保密行政区领域组建并开展活动	禁止外国非政府组织的分支机构在保密行政区领域组建
限制非政府组织使用资金	当局可能禁止外国非政府组织对俄罗斯某些地区拨款 限制非政府组织对立法会选举和公投的资金捐助及对政党及其办事处的捐赠
确定取消社会团体的 5 个原因	扩大撤销社会团体的范围,包括不能消除违法行为、引起暂时终止活动的社会团体
关于非政府组织的汇报	
登记管理机关对非政府组织的既定目标进行达标检查,可要求提供行政文件,并派代表参加非政府组织的活动	注册的权力延伸。他们可以进行支出融资的审核,要求从其他监督和监管部门获知信息。
没有定义社会团体的财务报表,应登记机关要求提供活动报告	强制性规定社会团体报告其活动、资金和消费、财产来源
未能提供有关改变非政府组织地位的规定,根据法院的决定撤销非政府组织	扩大了应该提供信息的非政府组织名单

此外,在 2006 年 12 月修订了《政党法》,禁止非政府组织赞助来自俄罗斯此类法人实体,即其州、市或外国参与的授权(股)资金份额在资金转移之日起超过 30% 而产生的资金党。

人权理事会向俄罗斯联邦总统、公共议事厅、司法部提出简化对非政府组织立法的可能性。2007 年，经济发展部和财政部编制了一项法案，对非政府组织从事的慈善和社会服务提供税收优惠。

2012 年 6 月，普京签署了颇有争议的《集会法》，大大提高了针对游行、集会过程中违规现象的处罚力度。7 月 13 日，俄国家杜马三读通过恢复刑法中诽谤罪条款的修订案：加重了对传播虚假信息，损害他人名誉和尊严，诽谤他人行为的罚款力度，罚款额高达 50 万 ~500 万卢布。

多层次法律管理体系以立法的形式为外国非政府组织在俄社会中取得合理的角色定位和合法发展空间提供了保障，同时为俄提供了管理的法律依据。

（二）身份合法性规定

外国非政府组织在俄罗斯开展活动，首先必须获得俄罗斯政府对于其合法性的确认，而在俄联邦《非营利组织法》中，获得这种合法性有一套严格的规定。归纳起来有以下几项重要原则。（1）外国非政府组织在俄罗斯开展活动，必须设立分支机构或者代表机构，而且必须作为一个独立的法人实体向俄罗斯登记机关申请登记，必须有原登记国相关政府部门的担保。（2）登记时应当按规定提供该分支机构相关的一系列重要文件，而且必须按规定定期向登记机关报送财产数额、预定资金使用目的和实际使用情况。（3）对于违反俄罗斯法律或者损害俄罗斯国家利益的外国非政府组织，俄罗斯政府有权依法取缔或者不予登记。如果发生资金实际使用与宣称目的不一致等违法行为，俄罗斯政府有权取缔外国非政府组织在俄罗斯的分支（代表）机构。（4）俄罗斯政府有权禁止外国非政府组织在俄罗斯的分支（代表）机构向俄罗斯国内某些组织提供资助。

可见，对于外国非政府组织在俄罗斯开展活动的组织形式、活动宗旨、登记许可程序、活动特别是资助行为的监管等都有比较细化的规定，这种管理上的规定事实上将外国非政府组织的活动置于俄罗斯政府的全程监督之下。同时，外国非政府组织的合法性问题可以被有效追溯，避免了有关外国非政府组织成立之初"身份"合法性问题的疑虑，要求外国非政府组织若开展活动必须在俄罗斯"落地"，这事实上是要求外国非政府组织注册成为"纯粹"的俄罗斯非政府组织，这样可以大大降低外国非政府组织开展活动的随意性和流动性。

（三）登记监管

俄罗斯《社会联合组织法》规定，社会联合组织的登记机关是俄联邦司法部及其地方机关，分别登记跨国级、俄联邦一级社会联合组织和跨地区一级、地区一级以及地方一级社会联合组织。此外，社会联合组织的章程修改、改组、解散也由登记机关负责记录。这一规定同样适用于外国非政府组织的登记。

俄罗斯《社会联合组织法》第 29 条规定了外国非政府组织作为社会联合组织的一般形式所必须履行的登记义务，其中包括：(1) 每年向登记机关报告该组织活动开展情况，并指出常设领导机关的现驻地、常设领导机关的名称以及被列入统一的国家法人登记簿中的社会联合组织每个领导人的具体资料；(2) 根据登记机关的要求，提交社会联合组织领导机关和公职人员的决议，并提交已经向税务机关呈报了的有关自己活动的本年度总结报告和季度总结报告；(3) 按俄罗斯联邦政府规定的形式和期限向登记机关通报社会联合组织从国际组织和外国组织、外国公民以及无国籍人士那里收到的资金和其他财产数额、它们的消费或使用目的及实际消费和使用情况；(4) 允许登记机关的代表参加社会联合组织举行的各项活动；(5) 向登记机关提供帮助，以便其了解社会联合组织为实现自己章程规定的宗旨在遵守俄罗斯联邦立法情况下开展的活动。

　　违反上述登记义务以及出现下列情况的外国非营利性非政府组织分支（代表）机构，登记机关可以拒绝其在俄罗斯获得登记地位。（1）登记所规定的情况和文件提交不完整，或这些文件没有按照规定的方法办理——在提交的外国非营利性非政府组织创办人证件中存在不可靠的信息。（2）如果外国非营利性非政府组织分支（代表）机构成立的目的和任务对俄联邦主权、政治独立性、领土不可侵犯性、民族统一和特性、文化遗产和国家利益构成威胁，与俄联邦宪法和法律相抵触。（3）如果原先登记在法人登记簿上的外国非营利性非政府组织分支（代表）机构曾因严重违反俄联邦宪法和俄联邦法律而被从法人登记簿中除名过——外国的非营利性非政府组织在俄罗斯的分支机构将被取缔。

　　根据俄罗斯司法部门的规定，外国非政府组织在俄罗斯开展活动，必须到俄罗斯联邦中央司法部的非政府组织登记署进行登记，而不是到各个地方相关机构。外国非政府组织在俄罗斯的分支机构自进入俄罗斯境内3个月内必须到登记机关通报登记。关于在俄联邦境内登记的外国非政府组织分支（代表）机构的通报须由所在国外国非政府组织登记机关担保，通报中要有关于创办人和常设领导机关地址（所在地）的情况，外国非营利性组织的分支（代表）机构从注册之日起具有在俄罗斯境内运用法律权利的能力，在注册登记时需要提交如下文件：（1）外国非营利组织创办人的身份证件；（2）外国非营利性组织领导机关关于成立外国非营利性非政府组织分支（代表）机构的决定；（3）外国非营利性组织分支（代表）机构章程；（4）关于任命外国非营利性分支（代表）机构领导人的决定；（5）阐述成立外国非营利组织分支（代表）机构目的和任务的文件。

从上述法律条文可以看出，俄罗斯对外国非政府组织进行登记管理，实际上意在对其活动类型进行有效监督，防止外国非政府组织的"名不副实"，这也为俄罗斯政府了解外国非政府组织的"底细"提供了便利，有利于了解外国非政府组织的具体性质和活动力量。

（四）对资金使用的监管

外国非政府组织分支机构每年必须在规定的时间，按俄联邦政府规定的形式和限制，向登记机关通报有关该分支机构收到的资金和其他财产的数额，及其下一年度预定的分配、花费或使用目的，以及本年度的实际花费或使用情况，通报下一年度预计在俄联邦境内开展活动的计划。俄罗斯本土的非政府组织也必须向登记机关公布其接受国际组织和外国非政府组织、外国公民以及无国籍人士资助的数额、目的和实际使用情况。而根据俄罗斯《非营利组织法》的规定，俄罗斯国家权力机关有权禁止外国非营利性非政府组织分支（代表）机构把资金和其他财产提供给某个其他机构或个人。

俄罗斯政府严控非政府组织与国外的经济联系，禁止外国资助的政治活动，使某些西方扶植的非政府组织和在俄罗斯的代表机构的威胁被降低到最低程度。至于外国非政府组织在俄罗斯开展活动所涉及的各类财务事项和资金的调拨，包括跨境的资金流动和在俄罗斯境内的资金分配，俄罗斯政府都对其进行了透明化的监督管理。同时外国非政府组织活动和财务的公开化和社会化又可以使其受到俄罗斯社会和民众的监督，通过健全其内部治理结构和完善信息披露机制也可降低俄罗斯政府管理的成本。通过对资金使用进程的监督，俄罗斯政府可以有效掌控外国非政府组织的资金流向，并对相关资助活动的领域提高警惕，而对外国非政府组织资助活动的管理可以有效切断俄罗斯国内外一些动机不良的非政府组织赖以发展的物质基础，进而有效稳定俄罗斯的社会秩序。对资金和其他资助活动的监督管理，无疑扼住了一些外国非政府组织活动的"咽喉"，任何对俄罗斯存在威胁的外国非政府组织的资金使用就可以被扼杀于萌芽状态。

（五）话语权争夺和本土非政府组织的网络建设

在应对外国非政府组织在俄罗斯活动的过程中，俄罗斯不仅在法律法规和行政管理方面加强了管理，而且也将争夺话语权列为其一项重要任务，在外国非政府组织活跃的人权和民主倡导领域，这种话语权的争夺更为重要。

普京当选总统以来，由于实施了一系列强化国家政权的措施而一直受到俄罗斯国内外"民主捍卫者"和一些非政府组织的批评指责。针对西方和国外反对派的挑战，俄罗斯提出了自己的民主价值观，掌握了在意识形态领域的话语权主动。俄罗斯政府倡导以"爱国主义"、"强国意识"、"国家作用"和"社会团结"为核心的"新俄罗斯思想"，重点则是发扬优良的民族传统，发展俄罗斯所倡导的"可控的民主"和"主权民主"，主张民主应适应本国的特定条件，而且不能容忍他国利用民主问题为自己谋求利益，民主制度与原则必须适应俄罗斯，适合俄罗斯的发展现状和发展阶段，适合俄罗斯的历史与传统。与此同时，俄罗斯近年来已经通过一系列法律和行政法规，强化了国家政权对非政府组织和大众传媒的话语控制，掌控了国家主流媒体的传播途径。通过这种对舆论和媒体的疏导，俄罗斯国家主流意识得到了有效反馈。强大的媒体控制，防止了外国非政府组织发生蜕变而给俄罗斯所希冀的稳定带来威胁。

非营利组织被视为公民社会的重要组成部分。俄罗斯联邦总统普京指出，非营利组织"可能是不错的，是国家在解决最紧迫的问题，是应对艾滋病、吸毒、无家可归者、地方自治发展问题的过程中不可缺少的伙伴"。据估计，在俄注册的非营利组织超过 300 万个，而活跃的不到 50 万个。

2006 年，俄罗斯联邦社会局开始工作，下设区域社会局，根据俄罗斯联邦总统的建议促进公民社会制度和人权的发展。2007 年 12 月 12 日，举行制宪议会人权运动"人与法"，俄罗斯联邦社会局参与组织。区域社会局呈网状分布，在每个城市均设有办事处。

2007 年联邦预算向参与公民社会制度发展的本土非政府组织提供了 12.5 亿卢布的国家资助。在 2008 年，又提供了 15 亿卢布的资助。

补助金的主要领域是：社会调查和社会团体监测（60 万卢布）；在文化、艺术、教育和公共外交领域的人道主义项目（270 万卢布）；法律保障（136 万卢布）；健康生活方式的推广（150 万卢布）；对低收入居民的社会服务（400 万卢布）；支持青年项目（230 万卢布）。

2008 年 1 月，俄罗斯民主与合作研究所的一个分支机构在巴黎和纽约开设，拥有非营利组织的地位。它的主要任务是研究公民社会的组成、选举进程、美国和欧洲移民的人权状况和人口迁移状况。

尽管采取了这些措施，提高对本土非政府组织的立法仍具有紧迫性，迫切需要修改法律（主要是修正子法律行为），由国家提供税收优惠、给予资金和制度支持。人权理事会根据俄罗斯联邦总统、司法部、财政部经济发展和贸易部、社会局的意见认为这些要求具有可行性，并逐步完善对非政府组织的立法。

"联邦法律旨在规范从国外接收金钱和其他财产并参与政治活动的非营利组织，"新闻部门表示。

（六）多机构立体监督

俄罗斯对非政府组织的管理是多机构立体负责的。若社会联合组织在法定期限内，多次拒不呈交法律规定的报告或更新资料，登记机关可以提请法院终止该社会联合组织的活动，并将其从国家法人登记簿中除名。除了登记机关的监督以外，《社会联合组织法》第38条还规定了其他机构对社会联合组织活动的监督职权。（1）俄罗斯联邦检察机关对社会联合组织遵守法律的情况实施监督。（2）通过决议允许对社会联合组织进行国家登记的机关，对社会联合组织的活动是否符合其章程规定的宗旨实施监督。（3）财政机关对社会联合组织收入的来源、所获得的资金的数额以及依照俄罗斯联邦税收立法缴纳税收的情况实施监督。（4）生态、消防、卫生防疫机关及其他的国家检察机关可以对社会联合组织履行各种现行规范和标准的情况实施监督。（5）除了登记机关在登记和年度资格审查时对非政府组织进行监督管理外，俄罗斯国家金融检验联邦机关、全权负责检查和监督税收的联邦执行权力机关、全权履行打击使非法资金合法化（洗钱）和资助恐怖主义职能的联邦执行权力机关应确定非政府组织使用资金和其他财产是否符合其创办文件所规定目的，并确定外国非营利性非政府组织分支（代理）机构使用资金和其他财产是否符合所宣称的目的和任务，将结果报告给决定相关非政府组织注册和将外国非营利性非政府组织分支（代表）机构列入法人登记簿的机关。

二　从国际社会及公众人物的评价看俄有关非政府组织的法律和实践

（一）积极评价

俄罗斯《非政府组织法》被俄杜马议员、政治学家尼康诺夫称为某种反外部势力渗透的"软性自卫"。俄国家电视台引述一些学者的观点，认为《非政府组织法》反映出俄公民社会发展的进程和对非政府组织立法的"完善"和"现代化"。

面对西方对新《非政府组织法》的指责，一些俄罗斯学者回应说这是西方采取的"双重标准"。俄罗斯政治信息中心主任穆欣表示："此类非政府组织和外国代理人在西方国家的领土上从事政治活动也是被明令禁止的。"俄罗斯普列汉诺夫经济大学副校长马尔科夫认为："美国法律比俄罗斯的法律更严格。因此，西方反对俄《非政府组织法》，就是在使用双重标准。"

针对《非政府组织法》，全俄社会舆论研究中心的民意调查显示，2/3 的俄罗斯公民支持普京签署的这一法律。俄《专家》杂志主编瓦列里·法捷耶夫表示，多数俄罗斯公民支持这一法律是正常的，他们已经历过国家的动荡时期，绝不允许西方国家随意干涉俄内政。法捷耶夫说，目前，俄境内确实有一些非政府组织在从事政治活动，一些别有用心的国家则利用这些组织在俄煽动反政府示威，以此推动"颜色革命"。

（二）消极评价

俄罗斯的非政府组织法律在 2005～2006 年发生变化。《非政府组织法》出台后，部分非政府组织负责人指责出台该法是压制民主，表示将联合抵制。西方国家指出，在处理异见和言论自由方面，普京政府正倒退回苏联时代。对于俄罗斯通过《非政府组织法》监管非政府组织，美国政府表示"严重关切"，并暗示该法案会限制俄罗斯人的政治自由与人权。美国国务院发言人强调，美对俄非政府组织的支持是公开的，将继续通过向非政府组织提供资金及其他方式支持俄民主进程。

PACE 理事会、欧洲议会、美国国会提出了一系列不满，归结为以下几点：非政府组织的登记问题和财务报表的编制；监管机关舞弊行为的高概率；与俄罗斯本土组织相比，对外国非政府组织的限制。非政府组织代表指出了五个最常见的问题。

第一，拒绝为某些非政府组织办理注册的理由不够合理，进行主观的法律解释和选择性地使用条款。更严格的申请注册程序需要律师使用专门用于非政府组织立法领域的注册文件。对非政府组织的登记增加了财务费用（州税、支付的专业费用）。

第二，登记注册中冗繁的程序及易变化的国家协调机构法规。

第三，俄罗斯非政府组织注册的不合理结构，以前被视为技术性错误，且不应该涉及制裁的理由。

第四，对于相当多的非政府组织（特别是小的、不具有自己的律师、会计师的组织）而言，难以执行关于财务报表的新要求。

第五，在法律实体的登记册中排除非政府组织。

当非政府组织（包括外国和国际组织的分支机构）陷于争议状况时，可以看到一系列连锁反应。

2006年1月，俄非政府组织登记署提起诉讼，终止了俄罗斯社会团体"士兵母亲委员会联盟"的活动（该组织没有提供关于其活动的及时报道）。随后，该诉讼被撤销。

2006年，国际社会团体"纪念"收到俄注册机关发出的针对有关法规（不遵守该组织的法定目标）的违规警告。随后，警告被莫斯科特维尔区法院以查无实据撤销。

2007年12月，俄注册机构提起诉讼，要求撤销萨马拉地区保护选民权利的协会"语音"。理由是其违反了报告组织的规则。根据调查的结果，萨马拉非政府组织分支机构"语音"的工作被暂停。萨马拉地区法院驳回了俄注册机构撤销非政府组织分支的请求，俄罗斯联邦最高法院维持该决定。

2007 年 12 月，俄罗斯外交部宣布，从 2008 年 1 月起，关闭英国文化协会的区域办事处，包括其在莫斯科的办公地点。终止理由是英国文化协会的分支机构没有为在俄罗斯活动提供必要的法律框架。

应注意到，2006 年后，非政府组织基本法律的变化改变了最重要的非营利组织在俄罗斯工作的基本规律，使它们顺利通过了重新登记。截至 2007 年 8 月 1 日，登记在注册服务和领土机构的非营利组织有 218730 个。

2007 年 7 个月，俄注册机构的领事机构做出决定，对 37560 个非营利组织进行国家注册（2006 年约 32000 个），拒绝 6845 项注册申请。

第四节　俄罗斯政府对非政府组织的
调控给我国带来的启示

俄罗斯政府对非政府组织的监管引起许多国家的注意，埃及、缅甸、蒙古等国纷纷借鉴其管理"外国代理人"的做法，管理外来资金介入本国政治，打击居心叵测的"外国代理人"。同时可以看到，俄本土非政府组织在俄经济道路的选择和发展上发挥了重要作用。

一　俄罗斯本土非政府组织发挥的重要作用

一是参与制定具体领域的改革草案。

1999 年，根据时任俄政府总理普京的倡议，俄高等经济学院、俄科学院国民经济预测研究所等联合创建了非商业性机构"战略规划中心"基金会。其宗旨是"综合分析俄罗斯的政治、经济与社会形势，制定国家的发展战略和联邦主体中期发展规划；确定俄优先发展方向"。在制定俄长期发展战略过程中，该中心与政府进行密切合作，并参与了一系列经济法案的起草，如《俄罗斯联邦农业发展与农业政策法》、《2003～2005 年俄罗斯联邦社会经济发展中期纲要》等。

二是为俄各级政府制定经济政策提供理论依据。

1990 年由俄政府直属的国民经济研究院、社会经济研究中心和法国经济形势研究所联合创建，由俄前代总理盖达尔任所长的"转轨经济研究所"，会集了一大批俄经济领域知名专家，很快成为享誉国内外的经济理论研究、国家经济发展战略和经济政策计划建议拟定的重要机构。在俄改革初期，该研究所的许多研究人员曾在俄执行权力机构和立法部门的不同岗位上任职，参与了俄经济政策的实施工作。其主要工作是为俄联邦、各级地方政府制定政策提供理论依据。多年来，研究所钩织了广泛的客户需求网，其中包括俄政府和总统办公厅、联邦委员会、财政部、经济部和联邦主体行政当局等。

三是对俄经济的贡献不可忽视。

非政府组织的产出增速超过了俄 GDP 的增速；非政府组织在解决社会就业方面也做出了一定的成绩。

四是俄本土非政府组织为俄制定对外政策贡献力量。

俄科学院世界经济和国际政治研究所、物理研究所、莫斯科国际关系学院等于 1991 年 10 月建立了非商业性组织"国家安全与战略研究所"，其主要研究方向是探讨俄在激进经济改革中的对外战略问题，制定俄政治、军事、经济和科技等领域国家安全构想等。1992 年该研究所曾应盖达尔政府的要求编写过俄国家安全构想；应俄外交部的要求对俄美关系的发展前景进行评估；1994～1995 年应俄武装力量总参谋部的要求曾就国际局势的变化及对俄地缘政治和军事政策的影响提供分析材料；1997 年应俄安全会议要求完成了"世纪之交的地缘政治挑战"项目等，对俄国家安全战略和对外政策的制定发挥了重要作用。此外，由俄知名学者于 1992 年建立的非政府组织"外交与国防政策委员会"在俄具有独立地位和较高的学术威望，在俄公民社会的形成过程中发挥了独特作用。其主要目标是配合制定和实施俄国家发展战略构想、外交和国防政策等，目的是维护俄国家利益。

二　我国非政府组织在参与社会治理中的作用

（一）经济转轨与社会转型带来的深刻变化

20 世纪 80 年代以来我国社会经历了一个急剧变化时期。这个时期由两个深刻的变化构成：一是体制转轨即由计划经济体制向社会主义市场经济体制转轨，以及与此相关的政治、社会等领域的体制转轨；二是结构的转型即由传统社会向现代社会转型。它带来的影响是：在旧的资源配置方式以外开辟了新的资源配置方式，使非政府组织的成长具有了资源基础；政府管理社会方式的改变也为非政府组织获取和利用这些资源开辟了渠道。

一是"单位制"的解体和"社会人"的出现。

单位利益走向独立化，改变了单位与国家的关系；单位的功能走向专业化，改变了单位与个人的关系；适应激烈的市场竞争，单位改变了办社会的全方位功能，把社会性的功能转移出来交给社会。"社会人"是指直接从社会中取得生活资源并对社会组织具有认同感的社会公民。他们对社会的依赖性逐渐增强。

二是公共服务的市场化。

转变政府职能是逐步实现政府、企业和社会相对分离的"小政府、大社会"的现代社会治理模式,其中一项重要内容是公共服务市场化,即在保证政府的基本职能之后,把一些原来由政府提供的服务交给市场,政府在公开、公正、公平的环境下向市场采购服务,以实现公共资源的优化配置。

第一,非政府力量承担原来由政府承担的一部分对企业和市场的监督功能,以代替政府对社会经济活动进行监督。

第二,非政府力量通过广泛的沟通联系,了解和把握社会各方面的信息,可以使政府从繁杂的信息收集加工工作中摆脱出来,使政府的机构精简和职能转变成为可能。

第三,非政府力量可以为政府职能的转变提供良好的社会环境。

(二)非政府组织在政府救助及慈善救助衔接中的中介作用日益明显

非政府组织作为慈善事业的重要载体,在扶助弱势群体中具有以下几项优势。

一是有奉献精神和人道主义情怀。非政府组织对弱势群体的关爱精神,更能体现它们相对于政府的优势,更好地对弱势群体进行道德感化和精神扶助。

二是更加贴近弱势群体。非政府组织最大的优势在于能够深入基层,贴近社会弱势群体,了解民众愿望和意愿,迅速反映基层民众的现实需要,并根据社会需求确定服务对象。在扶助弱势群体时,政府是从自上而下纵向的角度作为外部角色看待这一群体的;而非政府组织则从横向角度以平等的眼光看待这一群体,它们会与社会弱势群体进行交流与沟通。

三是发挥社会中介组织的优势。

四是善于创新、整合和高效配置资源。

五是筹集资金时具有自主性和广泛性。

非政府组织主要致力于解决"企业—市场机制"和"政府—国家机制"所顾及不了的一些社会问题，它是政府或市场不可或缺的合作伙伴，已成为社会治理中相当活跃的角色。

非政府组织成员在很大程度上是依靠共同的价值观和认同感结合在一起的，具有情感型组织的特征。

非政府组织是整合社会力量的主要载体，为民众参与社会保障搭建了重要平台。非政府组织在近些年中已经突破了原有的社会保障服务范畴，将其扩展为涵盖社会福利、社会救助、教育、医疗保健、卫生体育、环境保护、家政服务、小区管理等全方位的社会保障工作。

非政府组织中有大量志愿者参与社会保障服务的管理、运行和日常活动，这些人扎根于民间、了解基层实际需要。同时，各种不同职业、知识、经历、观念和技能的人兼职于非政府组织，使后者成为高水平、高效率的运作组织，能够比较好地满足一般民众的需求。

三 俄政府的做法给我国带来的启示

第一，对不同性质组织进行分类管理。一方面对外国非政府组织和有外国背景的本国非政府组织严格管理；另一方面扶持本土化组织，通过政府购买等形式让其更多参与社会治理，发挥其化解社会矛盾的优势。

第二，建立常态化的有效的政府与非政府组织对话机制，并加大对其资金及其他方式的资助，让其安心从事文化、教育、社保、体育、健康等事业。非政府组织在协调社会需求与利益矛盾、扶助弱势群体等方面发挥着越来越重要的作用，作为社会和政府之间的桥梁，起到一种社会润滑剂的作用；从公共治理的角度看，非政府组织也是公共治理的主角之一，有利于节约社会资本，并可以监督协调政府公权使用，影响政府决策以及在公共事务中发挥重要作用，促进社会良性运行。

第三，发挥非政府组织促进就业及经济发展的积极作用。非政府组织由于其固有的民间性和非营利性特点，更易于聚集社会民众的力量，参与各种社会公共服务能够开辟新的就业途径，为实现多渠道、灵活有效的就业形式提供了良好的平台，在减轻政府压力同时也易于凝聚人力。

第四，制定有关非政府组织的基本法律及相关配套政策。至今我国没有一部全面规范结社活动的基本法律。无法可依，一是难以满足社会对公民结社自由权行使的迫切要求，使非政府组织的发展遭遇"合法性困境"；二是对一些背离其宗旨的、存在明显违规行为的非政府组织难以进行约束。在立法层面俄罗斯提供了以下借鉴。（1）在立法实体方面制定对非政府组织的准入门槛，准入领域可尝试"负面清单"模式（即在法律中规定非政府组织不能涉足的领域及具体情况），并在登记和资金使用上加大监管力度。（2）完善相关的配套措施。税收政策是调控非政府组织宏观发展的重要手段，对非政府组织要有一套系统可行的税收政策，在财产税、商业税等相关税收规定中，增加对非政府组织的专门规定。（3）对非政府组织的管理实行分工管理，防止某一机关专权，实行多部门立体管理。（4）对非政府组织介入大众传媒加以严格限制。

第三章
如何更好发挥俄罗斯工会与
非政府组织之间关系的作用

俄罗斯政治文化伴随着公民社会的发展而发展。在俄罗斯，工会是公民社会的重要因素。工会的发展是工人运动制度化的表现。自工会初创的 200 多年来，它一直是一项重要的社会制度，其设立的主要目的就是让世界各地的普通工人能够为争取自身的利益而进行斗争。俄罗斯工会也已存在 100 多年了，工会的历史既反映了俄国工人运动几十年来的变化过程，也反映了近 20 年来俄罗斯经济改革和公民社会建立的特点。20 世纪 90 年代初，俄罗斯开始由计划经济向市场经济过渡，由于国家制度发生了原则性的改变，为了适应这些转变，工会活动的理论和实践及其与政权、政党的关系也发生了改变。新制度下，工会独立于任何政党和政权，与立法部门、行政部门和其他劳动者联盟的关系也发生了改变。

第一节　俄罗斯社会学界对工会转型所持的基本观点

俄罗斯社会学家们在工会领域主要研究工会在公民社会、国家和社会取向的市场经济发展中的作用，工会如何成为社会公正和社会稳定的保证以及建立社会伙伴关系和三方协商机制的问题。社会学家将俄罗斯的社会伙伴关系看作雇主和雇佣劳动者为解决（工业）劳动冲突而自愿达成的一种特殊制度，也是为使社会稳定和在整个国家经济当中公平分配企业利润而产生的一种特殊制度。三方协商机制是社会伙伴关系的一种形式，是政府、雇主和工人代表有效互动的机制，也是调整现有劳动关系的有效机制。

在研究俄罗斯社会学家有关工会的观点时笔者注意到，当今的俄罗斯社会学家提出了各种阐述工会在社会中的作用的观点。工会被看作公民社会的一种机制，或者是社会保护劳动者制度的机制，抑或是工人参与社会政治诉求的机制。这三种阐述相互补充，决定了工会的基本社会职能。

第一种主要观点是把工会看作公民社会的机制，主要任务是保护劳动群众的社会和经济利益。① 公民社会在这种情况下被看作非公组织、机构、协会、基金会、工会联合组织和社会联合组织的体系。这些组织履行公民自我组织、自我管理的职能，可以对国家管理和私人部门产生影响，修正国家政策和企业主通过旨在提高其社会责任的决议的过程。因此，公民社会可以作为社会沟通系统，特别是借助与社会生活各个领域的自我管理结构直接相关的专门机制，对整个社会政治过程施加影响。巴尔托什克·弗洛基梅什分析了工会在当今俄罗斯政治生活中的作用，他认为，工会既是公民社会的组成部分，又是政治体制的一个重要元素，俄罗斯独立工联有明确的组织机构，更接近非政府组织。他的结论是，工会对于社

---

① Петров А. В. Профсоюзы – институтгражданскогообщества，Общество. Среда. Развитие，№3，2008，С. 55 – 66.

会—政治联盟是开放的，摆脱了意识形态和组织上的封闭，推动了国家政治的民主化进程，加强了公民政治参与的力度。E. A. 马克西莫夫认为工会在法律制定方面发挥了重要的作用，在已经建立的新的政治—法律框架中，工会定期与工人、政府和俄罗斯联邦总统办公厅签订合同以促进彼此之间的更好合作。从工会运动中可以明显看到，工会已经从苏联时期的官方组织被还原成了社会组织。

第二种主要观点视工会为社会保护劳动者制度的机制。在发达的工业国家，建立社会保护劳动者制度的必要性产生于19世纪末20世纪初。在20世纪30年代，"社会保护"这一术语逐渐得到西方社会学界的认可。社会保护指的是法律保障和经济保障以及实现这些保障的措施。社会保护建立了实现劳动活动的有效的社会基础设施，保证了劳动者起码的生活质量，保障了社会劳动潜能的再生产，建立了为有效实现这些保障和措施创造可能性的社会制度体系，包括建立国家社保基金、工会、社会组织等。必须指出，当今社会保护劳动者制度的任务是，既要保证尊重（在企业工作的）有劳动能力的公民的权利，也要保证尊重未直接参与劳动活动的社会弱势群体（退休人员、残疾人等）的权利。当今社会保护制度在保护劳动群众利益方面有如下活动方向：为所有公民提供最低生活保障；采取一系列措施维持其起码的生活水平和质量；为劳动潜能的有效再利用创造发展社会基础设施的必要条件（包括卫生保健、教育、公用住宅设施等）；为全体劳动者创造安全和良好的劳动条件；为劳动活动场所建立安全保护制度；为有效实施劳动活动提供社会和政治稳定；为开展有效的劳动活动提供良好的社会文化条件。在宏观社会的层面上，国家是保证履行社会保护体系的主要机构，它包括各种权力执行机构（特别是专业化的社保基金、保险公司）、立法机构及司法机构，这些权力机构为实现劳动群众的利益提供了可能性。

第三种主要观点将工会看作"工业化社会"政治制度的重要机制，是工人运动制度化的结果，是工人参与社会政治诉求的机制。社会主义市场经济国家（在那里工会占有很大的政治力量比重并具有广泛影响）的经验显示，为了卓有成效地实施旨在建立劳动者社会保护体系的社会政策，雇主、工人和政府必须合作。这种合作体现为为形成社会伙伴关系和三方协商机制的稳定而不断发展的关系。为此，首要条件是雇佣劳动者、雇主和国家利益的代表者是相互平等的，他们能够并且关心解决企业、公司、集团、国家机关和组织层面以及国有经济和国际社会劳动关系层面的社会问题。因此，工会在工业化社会政治制度范围内的诉求参与也是一种政治机制，对国家实施旨在实现劳动群众基本社会保障、提高其工作效率的社会政策有直接影响。

第二节　俄罗斯非政府组织的民众参与度分析

一　非政府组织的民众参与度不高

根据俄罗斯社会科学院 2012 年公民社会发展报告显示，只有18% 的俄罗斯人表示加入过相关的非政府组织，参加的非政府组织也较为分散：工会（5%）、园艺别墅协会（4%）、业主委员会和建房合作社（2%），而宗教组织、退伍军人协会、残疾人组织、房屋委员会、学校—幼儿园家长会、体育和文化俱乐部等各约有1% 的人加入或加入过。据俄罗斯另一社会调查机构"列瓦达中心"的调查，2010～2011 年，参加社会团体和组织活动的人不超过俄罗斯人口的4%～5%。在俄罗斯也没有形成广泛的服务于非政府组织的志愿者群体，根据公民社会研究中心的研究成果，只有3%的俄罗斯人声称他们是非政府组织的志愿者，1%～2%的俄罗斯人表示他们是非政府组织志愿活动的介绍人。

以上民意调查机构的调查结果显示，俄罗斯民众参与非政府组织活动的人数不多，非政府组织通过正式渠道动员民众的能力较弱。

二　在当前的俄罗斯，民众对非政府组织仍缺乏了解和信任

缺乏公众的信任是非政府组织发展的一个重大障碍。调查显示，在2004～2012年，虽然俄罗斯民众完全不知道非政府组织的份额为何从58%下降到44%，但还是有近一半的俄罗斯人对非政府组织缺乏了解。在了解或知道非政府组织的俄罗斯人中，对文化、教育、科学、娱乐和体育俱乐部等团体及社会自助团体和帮助弱者组织有所了解的较多，占到40%；而对专业协会（工会）、居民利益保护组织和地方自治组织活动有所了解的相对较少。

非政府组织也没有赢得大多数民众的信任。调查显示，各类型的非政府组织受信任程度普遍偏低：即便是消费者权益保护协会也只有12%的受访者选择信任。其他非政府组织的受信任程度：退伍军人组织（9%）、园艺别墅协会（8%）、工会（8%）和残疾人保护组织（7%）均不超过10%。而政党、人权组织、宗教组织更是只有4%的受访者表示信任。

第三节　俄罗斯工会与本土非政府组织的合作尝试

近年来，俄国家在限制受外国影响的非政府组织的同时，也有选择地加大对非政府组织发展的支持力度。国家的支持对象不是单

个社会组织，而是在社会服务的全部领域有影响力、能发挥重要作用的非政府组织。俄政府的立场为俄罗斯工会及本国非政府组织的合作提供了可能性。根据俄当局对非政府组织的支持范围和领域，结合俄工会与非政府组织的自身特点，两者尝试在以下方面进行合作。

第一，共同争取俄"总统津贴"的支持，从事社会保障、公众服务、公益事业等活动俄罗斯加大对非政府组织的支持力度，支持它们从事社会保障、公众服务、公益事业等活动。俄政府从联邦预算中划拨资金设立"总统津贴"以支持公民社会制度框架下的非政府组织。"总统津贴"额度不断增大，2011年为10亿卢布，2012年超过15亿卢布，2013年为25亿卢布。各种符合标准的非政府组织积极参与竞争，根据总统津贴的额度完成既定的社会计划。工会和其他非政府组织都有社会保护的职能，政府可从工会的组织稳定性和可持续性入手，支持工会和非政府组织共同争取"总统津贴"，从事社会保障、公众服务、公益事业等活动。

第二，共同开展公民社会总体情况的社会学研究与民意调查。根据总统令《确保2012年国家支持非政府组织参与公民社会的发展》，国家对以下方面的非政府组织活动进行资助：进行公民社会整体情况的社会学研究和民意调查；保护公众及周围环境健康、教育、艺术、文化和公共外交领域的活动；保护人权和法制教育；为贫困人口和社会上弱势群体提供服务和支持；保障青年人的创新活动、青年运动和组织项目等。

对工会活动进行社会学角度的研究也是一个重要方面。社会学研究是重要的信息来源，它能反映加入工会或未加入工会的普通劳动者情绪和需求的变化。对工会运动的社会学研究也是工会统计资料的最重要来源，代表工会进行社会对话的工会领袖和雇主代表以及管理国家经济层面的社会劳动关系的国家机关代表，都十分需要这些统计资料。

对具体企业中工会活动的社会学研究还涉及如下的问题：研究普通工会会员的社会期望和需求；研究劳动集体中显性和隐性（主要表现）的社会劳动冲突并解释其原因；确定工会委员会活动的有效性和具体企业中工会领袖的满意度；研究入会动机；研究企业管理层利用各种内部公共关系、公司劳动文化等技术管理手段所产生的消极后果。许多工会无法胜任组织内外公共关系和社会学研究的工作，因为成本太高，也缺少能承担上述领域特殊工作的相应专家。俄工会可以与开展公民社会总体情况的社会学研究与调查的非政府组织联手，共同完成这项工作。

下　篇

第四章
俄罗斯社会转型中的人口变迁

　　人口是生产力要素中最活跃的一个。在任何社会中，人口的多少都取决于生产力发展对劳动力的需求。对于俄罗斯这样一个人少地广的国家而言，其经济的可持续发展在很大程度上取决于人口的可持续增长。人口结构影响到社会结构的变迁，不良的人口结构可能会对社会经济发展过程产生负面影响，由此产生"社会问题"。

　　俄罗斯成为独立国家的 20 多年以来，在国家社会经济结构巨大转变过程中，俄罗斯的人口发展出现了严重危机，这给当前和未来的俄罗斯国家社会经济发展带来了深远的影响。

第一节　俄罗斯人口发展的新特点

　　俄罗斯成为独立国家之初，由于其他原苏联加盟共和国人口的迁入，人口总数一度有所增加，但从 1993 年起，增长的势头就停止了，随即而来的，是人口持续数年的负增长，并出现了人口规模消减、老龄化加剧、人口结构失调、供养比减小、劳动力人口不足等一系列人口"综合征"，为俄罗斯诸多社会问题的发生埋下了伏笔。为此俄罗斯总统普京警告说，人口危机已成为威胁俄罗斯民族生存和发展的头号敌人，如果现在不想办法解决这一问题，将来俄罗斯的国家基础就会受到动摇。俄罗斯的人口状况在国家剧变、社会转型的大背景下，发生了一系列变化，具有许多新的特征。

俄罗斯人口结构本来就存在很大的缺陷，在人口下降的过程中，业已存在的结构性矛盾更加凸显，同时出现了新的结构失衡问题，突出表现在年龄、性别、民族结构等几个方面。

第一，平均寿命下降，人口老龄化加剧。

人口老龄化是当今世界许多发达国家面临的共同问题。一般来讲，平均寿命越是提高，老龄化程度就越会增高，两者之间存在着必然的"共生"关系。而俄罗斯人口老龄化却演绎了另一种情况——人口老龄化加快，人口寿命持续下降。从俄罗斯人口年龄构成变化看，总的趋势是青少年人口所占的比重不断下降，如16岁以下的少年组人口比重从战后初期的32.2%下降到1990年的24.4%，1999年更是降至20.7%。与此相联系的就是退休年龄组（男超过60岁，女超过55岁）人口的比重不断上升，从20世纪50年代初的10.4%提高到1990年的18.6%，1999年更是上升到20.8%。从绝对人数上看，在1990~1999年的10年间少年人口增加了576万，而退休人口同期增加了282万。1970年，俄罗斯有退休老人2000万，2000年退休老人增加到3800万。青壮年人口的不断减少和老年人口的攀升预示着俄罗斯人口增长趋势将继续走低。从平均寿命来看，俄罗斯国家统计局的资料显示，1990年俄罗斯人均寿命为69.2岁，这个数字是20世纪90年代的最高点。1991~1998年人均寿命分别是69.0岁、67.9岁、65.1岁、64岁、64.6岁、65.9岁、66.6岁、67.0岁，这与经济发展的走势相吻合，正好印证了人口学家提出的"平均寿命与经济发展水平关系最密切"
的论断。

第二，男女性别比失调，寿命比失衡。

俄罗斯人口性别比失调有其历史原因，在20世纪的两次世界
大战中，男性人口遭受了重创，在人口性别构成中所占的比例不断
降低。到战后的20世纪50年代初，男女人口比例为44:56，女性
人口比男性人口多2000万。在战后的和平环境中，男性人口逐渐
增加，男女人口所占比例差距有所缩小，到80年代末男性人口所
占的比例上升了4个百分点，男女比例调整为48:52。90年代以
来，俄罗斯男性人口的衰减率又重新上升。对90年代前5年死亡
人数的统计显示，年龄在20~49岁的男性占了绝大多数。目前，
男性人口在总人口中的比重已不到47%，而且还有进一步缩小
的趋势。

从男女人口平均寿命看，两性差别连续十多年呈现扩大趋势。
1998年俄罗斯人均寿命为67.0岁，其中男性为61.3岁，女性为
72.9岁，两者相差11.6岁。而在绝大多数发达国家，同样的差距
一般为2~3岁。俄罗斯男性人口的高死亡率与收入减少和生产环
境恶化、酗酒、失业等密切相关。

第三，俄罗斯族绝对比重上升，相对比重下降，民族矛盾错综
复杂。

苏联是一个多民族国家。苏联解体后，俄罗斯多民族的特性
没有改变，但民族构成发生了较大的变化。目前，俄罗斯拥有133
个人口超过100人的民族。从绝对数量看，由于俄罗斯联邦是俄
罗斯族人的集聚地，作为主体民族的俄罗斯族约占总人口的82%，
比苏联时期约增加了30个百分点。俄罗斯族不仅在数量上占有绝
对优势，而且文化教育水平较高，在历史上一直是沙俄及苏联领

土扩张、移民垦殖的主力军，故遍布于境内各地，尤以西部欧洲部分最为集中。此外，人口数量超过 100 万的民族有鞑靼族（552万）、乌克兰族（436 万）、楚瓦什族（117 万）、巴什基尔族（135 万）、白俄罗斯族（121 万）和摩尔多瓦族（107 万），还有车臣族、哈萨克族等 9 个民族的人口数量介于 50 万～100 万之间。人口数量较多的民族大多分布在交通便利、经济发达的伏尔加河流域和南部农牧业比较发达的地区，多数组成了民族自治的行政区域；大量人数较少的民族则集中在远东、西伯利亚和边境地区，这些地区多为自然条件较恶劣、经济相对落后的区域。但总的来说，从近年的相对数量看，俄罗斯族人口比例下降的趋势显而易见。

第二节　俄罗斯人口危机的成因

造成俄罗斯人口危机的直接原因是人口数量的持续下降。俄罗斯人口死亡率系数高达 15%，而发达国家一般都不超过 12%（参见下列图表）。

表 2 - 1　各国人口出生率

单位:‰

国家/年份	1990	1995	2000	2001	2002	2003	2004
白俄罗斯	14.0	9.9	9.4	9.2	8.9	9.0	9.1
俄罗斯	13.4	9.3	8.7	9.1	9.8	10.2	10.4
哈萨克斯坦	22.3	17.5	14.8	14.8	15.3	16.6	18.2
德国	11.4	9.4	9.3	8.9	8.7	8.7	—
美国	16.7	14.8	14.7	14.1	13.9	14.1	—

表2-2　各国人口死亡率

单位:‰

国家/年份	1990	1995	2000	2001	2002	2003	2004
白俄罗斯	10.8	13.1	13.5	14.1	14.8	14.5	14.3
俄罗斯	11.2	15.0	15.4	15.6	16.3	16.4	16.0
哈萨克斯坦	7.9	10.7	10.1	9.5	10.0	10.4	10.1
德国	11.6	10.8	10.2	10.1	10.2	10.4	—
美国	8.6	8.8	8.5	8.5	8.5	8.4	—

表2-3　各国人口婴儿死亡率

单位:‰

国家/年份	1990	1995	2000	2001	2002	2003	2004
白俄罗斯	11.9	13.3	9.3	9.1	7.8	7.7	6.9
俄罗斯	17.4	18.1	15.3	14.6	13.3	12.4	11.6
哈萨克斯坦	26.3	27.3	18.8	19.1	17.0	15.7	14.5
德国	7.0	5.3	4.4	4.3	4.2	4.2	—
美国	9.2	7.6	6.9	6.8	7.0	6.6	—

表2-4　各国人口平均寿命

单位:岁

国家/指数	男性	女性	国家/指数	男性	女性
白俄罗斯	63.2	75.0	德国	75.5	81.3
俄罗斯	59.0	72.0	美国	74.4	80.0
哈萨克斯坦	60.6	72.0			

根据以上图表中的信息，并结合影响人口问题的众多因素中的经济、社会和文化三大最关键的因素，分析如下。

第一，经济危机直接导致人口生存环境恶化。

苏联解体后，俄罗斯经济每况愈下，人民的生活水平一度经历了急剧下降。正如普京所言：“俄罗斯正处于其数百年来最困难的一个历史时期。大概这是俄罗斯 200～300 年来首次真正面临沦为世界二流国家，甚至是三流国家的危险。"普京承认，现在俄罗斯的国内生产总值只相当于美国的 1/10、中国的 1/5 左右。苏联曾是世界第二经济大国，而俄罗斯 1998 年的国内生产总值已经下滑到世界第 16 位。俄罗斯落后于西班牙、荷兰，甚至被巴西、印度、韩国等发展中国家超越。2000 年，俄罗斯人均月收入为 2164 卢布，按国际通用的评价体系计算，俄罗斯有 70%～80% 的人生活在贫困线下，其中日均低于 2 美元的贫困人口占 40%。绝大多数低收入者只能将其大部分收入用于购买维持最低生存水平的食品，即面包和土豆。

男性劳动力的高死亡率也与收入减少和生产环境的恶化直接相关。每年都有大量的人因工死亡，俄罗斯的工伤比重是德、美、日等国家的 3～3.5 倍。其中 70% 的工伤是设备陈旧或不遵守劳动纪律所致，仅 2000 年这一年，俄罗斯意外死亡的人数就有 31 万。劳动年龄段的男性死亡率是女性的 5 倍，以致在经济最不景气的 20 世纪 90 年代中期，男性人口的平均寿命还不到 60 岁，与贫困国家水平相近。青壮年劳动力的死亡率比 10 年前增加了 40%。俄罗斯的婴儿死亡率是发达国家的 3 倍，死亡的婴儿中健康的婴儿比例不超过 10%。俄罗斯人健康水平严重恶化，使原本已濒临灭绝的一些疾病死灰复燃。

生活质量的下降使人们的健康水平下降，而经济危机又使医疗及社会保障条件不断恶化，医疗服务质量大幅度下降，又进一步加剧了国民身体素质的普遍恶化，老百姓患各种疾病的概率大大增加。俄罗斯社会学学者、议会议员和政府官员普遍认为，造成俄罗斯人口危机的首要原因是经济危机。

经济困难和社会混乱也导致了大量人口外流。1992 年以来，有 360 万俄罗斯人移民出国，但高达千万的人口减少（占俄罗斯总人口的 7%）最重要的原因还是俄罗斯的低生育率和高死亡率。

第二，酗酒、抽烟、高离婚率、自杀等社会问题加剧了人口危机。

俄罗斯人天生嗜酒，这一不良习惯造成了许多负面的社会问题。20 世纪 90 年代，面对日益恶化的经济，越来越多的人借酒浇愁。2014 年 1 月，牛津大学和世界卫生组织联合发表的研究结果证明，俄罗斯男性的总体平均寿命为 64 岁，1/4 的俄罗斯男子在 55 岁之前死亡，酗酒尤其是大量饮用伏特加酒造成的肝脏疾病和酒精中毒是重要原因，另有许多人在酒后的事故或暴力行为中丧生。[1]世界卫生组织公布的关于酒精和健康状况的全球报告指出，2014 年俄罗斯的酒精消费量为每人 15.1 升，是世界水平 6.2 升的 2 倍还多，在世界卫生组织 193 个成员方中位列第四。[2] 1999 年，在 20～55 岁死亡的男性人口中，有 7% 是酒精中毒而死。2001 年，俄罗斯人均购买伏特加 38.4 瓶，由于假酒泛滥，死亡事故屡屡发生。与此同时，越来越多的妇女和儿童也加入了酗酒大军，酗酒已严重危及俄罗斯人口的数量和质量。同时，吸烟的人数比 10 年前增加了30%。俄罗斯社会问题研究所在 2000 年的一项调查中发现，一年中每天至少抽一包烟的"烟民"中竟有不少是 10 岁左右的儿童，每年因吸烟得病死亡的人数达 30 万。

此外，离婚、自杀、凶杀、失业、吸毒、犯罪等一系列社会问题也是加剧人口危机的原因。有资料表明，俄罗斯是世界上离婚率

---

① 〔英〕《柳叶刀》，2014 年 1 月 31 日。

② 〔俄〕《共青团真理报》2014 年 5 月 13 日。

最高的国家之一。1990～1998 年离婚率从 42.7% 上升到 58.6%。
另外，近些年因工作劳累、失业、失恋、家庭暴力等各种原因自杀
的俄罗斯人平均每年增加 10%。更为严重的是，目前俄罗斯尝试过
毒品的人达 400 多万，经常吸毒的人有 250 万，其中 76% 是 30 岁
以下的青年甚至少年，中学生吸毒人数比 1993 年增加了 20 倍，因
吸毒死亡的人比 10 年前增加了 11 倍。此外，酗酒、吸烟、吸毒、
性病等各种原因会导致双亲的健康出现问题，致使出生时就患有残
疾的婴儿数量不断增加，目前俄罗斯残疾人数已经超过 600 万。俄
罗斯犯罪人数也在急剧增加，许多监狱人满为患。俄罗斯的孤儿人
数比十年前增加了 2 倍，因离婚和家庭暴力等原因造成的流浪儿人
数达 200 多万，成为父母都健在的"社会孤儿"。

　　第三，低生育传统和价值观的改变制约人口的增长。

　　俄罗斯文化源自拜占庭东正教文化，同时，受西方文化影响也
很大。在家庭模式和人口生育观念上，俄罗斯更接近西方，即以低
生育家庭为主，尤其是俄罗斯主体民族——俄罗斯族的生育率一直
低于其他民族。20 世纪 60 年代中期，俄罗斯平均每名已婚妇女会
生育 2.1 个婴儿，而这样的生育率是保持人口规模的底线，但如今
只有 0.9 个。而从 20 世纪 70 年代开始，独生子女家庭已经在俄罗
斯家庭中占多数：1979 年独生子女家庭占 58%，这一比例到 2010
年上升到了 65.5%。出于生活负担过重等原因而不愿生孩子的家庭
越来越多。低生育率造成了少子女的家庭模式，这种家庭模式被称
为"核心家庭"，即一对夫妇只生一个孩子或不要孩子。如今俄罗
斯平均每名已婚妇女只生 0.9 个婴儿，核心家庭占家庭总数的
70.6%，非常不利于人口的繁衍。

　　近年来，价值观念的变化使越来越多的年轻人为实现自己的人
生价值，或只是为了自己活得更潇洒而拒绝婚姻或不要孩子。有关

统计表明，在 18～44 岁的育龄妇女中有 24% 的人不想生孩子，76% 的人不要二胎，而俄罗斯人口学者认为，保证俄罗斯民族延续的必要条件是平均每 10 个妇女养育 24～25 个孩子。少子化的一个重要原因是妇女缺乏生育的意愿，俄罗斯就有这样的问题。2010 年全俄罗斯人口普查结果显示 15 岁以上的女性中有 21.5% 的人没有生育过。

第三节　人口危机对俄罗斯社会经济发展的影响

自社会转型以来，人口危机已成为俄罗斯社会经济危机的组成部分，并将对今后俄罗斯社会经济的发展产生巨大影响。

一　直接影响国家的安全和综合竞争力

首先，从国家安全角度看，俄罗斯的边界是世界上最长的，达 5 万多公里。这么长的边界线需要一支庞大的军队来维护。因人口减少，能补充军队的男性青年出现短缺。其次，人口的下降削弱了整个国家的竞争力。青壮年年龄段人口的减少已造成俄罗斯劳动力的严重短缺，这种情况在东部地区更为突出。当前造成俄罗斯人口危机的直接动因是人口的持续下降。俄罗斯人口死亡率系数高达 15%，而发达国家一般都不超过 12%。劳动力不足和退休老人占总人口比重相对增加，不仅加剧了有劳动能力者的社会经济负担，同时使俄罗斯经济失去持续增长的动力，导致国家竞争力削弱。

二　严重的人口危机事关俄罗斯国家的前途和俄罗斯民族的命运

由于持续的低出生率，俄罗斯人口结构呈"倒金字塔"形，少年儿童数量越来越少，劳动力储备日益枯竭。从 1970 年到 2005 年，俄少年儿童数占总人口数的比重已由 29% 减少到 17%。有关资料显示，从 1998 年开始，死亡人数中的 40% 为 15～17 岁的青少年，主要死因是生活水平下降、有病无钱医治、吸毒和酗酒等。人口学家分析，照此发展下去，今天 16 岁的青少年中会有 46% 的人活不到 60 岁；到 2016 年，17～19 岁的男青年将由现在的 350 万减少到 200 万。年轻人人口数量急剧减少将导致俄罗斯快速进入老龄化社会。1998 年，俄退休者人数首次超过幼儿和少年总人数。2000 年 1 月 1 日的统计表明，俄退休者人数已比幼儿和少年总人数多出 100 万。按照国际惯例，当一个国家 60 岁以上的老年人口占到总人口的 10%，或者 65 岁以上的老年人口达到总人口的 7%，就意味着这个国家开始进入老龄化社会。截至 2005 年 1 月，俄罗斯 60 岁以上人口已占总人口的 17.33%，6 岁以上人口占总人口的 13.72%。因此，俄罗斯已经是名副其实的老龄化国家。

人口专家预测，由于青少年在总人口中的比重不断减少、人口负增长导致人口老龄化，在不久的将来，处于工作年龄段的俄罗斯人将越来越少，而每一个有工作能力的俄罗斯人都将负担一个老人和一个未成年人。商场里的售货员、快餐厅里的营业员，甚至飞机上的空姐、高级酒店里的服务生等，这些在许多国家多为年轻人从事的岗位，在俄罗斯却少不了中老年妇女的身影。这种局面恐怕要归结为俄罗斯青壮年劳动力缺乏以及男女结构的不平衡。劳动力短缺还导致了俄罗斯劳动力价格居高不下。俄罗斯小时工的价格是中国的 5～8 倍。

三　大片地区开发的难度和移民问题

美国布鲁金斯学会 2006 年发布了一篇题为 "西伯利亚的诅咒" 的报告，专门论述苏联强行开发乌拉尔以东地区的不智，并以苏联解体后这些地区迅速"无人化"的现象作为论据，远东和西伯利亚出现的大量"空城"则为现实佐证。如今人口仅有 640 万的远东地区仍面临着人口萎缩的情况，许多地区"无人化"的趋势在继续。俄三大社会调查中心之一"社会舆论调查中心"曾做过一番调查，发现 40% 的远东和西伯利亚民众欲迁往他处居住。基本生活条件的缺乏和发展道路的不畅，是这些居民想搬迁的主要原因。

为了养活老者，俄罗斯不得不增加税收以保障退休金的发放，结果导致经济增长刹车。由于人口负增长，2007~2009 年，全俄劳动力总数将减少 200 多万。在莫斯科市，半数以上的建筑工人和餐饮服务人员是外国人，170 多家大型零售市场有超过 18 万外来移民在打工。即使有这样庞大的"国际劳工军团"，俄罗斯依然面临着劳工短缺问题。与此同时，人才流失也使俄劳动力出现结构性短缺。现在，很多受过高等教育的年轻人纷纷外流，因为西方的舒适生活和优厚报酬对他们有很大的吸引力。普京总统在一次会议上透露，1989~2001 年，至少已有 10 多万年龄在 35~45 岁的俄罗斯科学家流失。俄罗斯人口专家指出，从 2015 年起，俄人口减少将对俄经济产生严重的负面影响。

第四节　俄罗斯解决人口危机的措施

普京总统在 2006 年 5 月发表的年度国情咨文中称，人口问题是俄罗斯目前"最尖锐的问题"。他指出，要改变人口不断减少的现象，俄罗斯有必要建立行之有效的鼓励生育机制，为生育多胎的妇女提供更多补贴。为此，普京要求政府详细制订一项为期 10 年的庞大的财政补贴计划，并把逐步稳定人口数量作为工作重心。其具体内容包括以下几个方面。

一是控制死亡率、延长人均寿命。

第一，采取措施降低人口死亡率，尤其是意外死亡的人口比例。当今世界，一个国家的贫富更多的不是依赖拥有的自然资源，而是取决于居民的健康状况。因此，普京提出实施国家"健康计划"，重振俄罗斯医学的传统学科——疾病预防学，以延长人均寿命。其重点在于：发现、预防和治疗心血管疾病及其他高死亡率的疾病；抑制各类人身伤亡事故的发生率，制定交通安全规划；限制含酒精饮料的进口和销售，号召人们远离毒品，建立健康的生活方式。

降低死亡率也意味着向传统的生活方式挑战。俄政府为倡导人们建立文明而积极的生活方式，专门制定了新政策：为不酗酒的公民办理登记，为他们的生活、工作提供帮助和便利。

第二，提高养老待遇，优先安排社会养老资金。普京建议：2007 年政府将养老金提高 20%，以后再根据经济发展状况不断提高退休者的福利待遇，让曾经为社会发展做出过贡献的老一代人安度晚年。到 2012 年底，俄罗斯的平均劳动退休金达 9525 卢布，平均退休养老金提高到 10145 卢布，平均社会养老金为 6240 卢布，三类养老金的平均值在 2010～2012 年的增加额分别为 3245 卢布、3528 卢布、1964 卢布。①

二是提高出生率。

普京总统同时认为，解决人口问题的根本出路在于提高出生率。他主张，用经济补偿的方式来引导和鼓励青年人多生多育。为响应普京总统的呼吁，俄罗斯政府和立法部门纷纷出台措施，以鼓励育龄夫妇生育更多子女。

第一，实行经济补偿。

---

① http：//www. izvestia. ru/economic/article3135802/.

具体内容包括：提高对新生儿家庭的补贴，发放儿童学前教育补贴；对孕妇、产妇进行补贴，鼓励并资助收养孤儿的行为；为俄罗斯妇女安心抚养子女设立"母亲资金"，维护育儿妇女的权益；建立现代化的保健中心网，对多子女家庭予以补贴等。

俄卫生和社会发展部2006年10月向俄罗斯国家杜马提交的一份鼓励生育的草案拟定，从2007年1月1日起，俄国内生育第二胎以上的妇女将获得25万卢布（时价1美元兑换27卢布）的奖励。俄罗斯国家杜马在2006年9月8日一读通过了《家庭生育补助法》草案。根据该草案，若产妇未参加社会保险，虽生育第二胎或第三胎时不享受公休产假，但在孩子满一岁半之前每月将获得3000卢布的补贴；若产妇已参加社会保险，则每月生育补贴为其工资的40%，但不得高于6000卢布。与此同时，俄联邦政府在其官方网站上公布了由总理弗拉德科夫签署的对年轻夫妇提供购房补助的规定。按照这一规定，俄政府向育龄夫妇提供的购房补助不低于所购住房市价的35%～40%。不过，该规定对住房的标准却有严格的限制，即两口之家（一对夫妇或单亲加一个孩子）的购房面积不得超过42平方米，两口以上家庭（一个或多个孩子）的购房面积每多1人增加18平方米。另外，俄罗斯各级地方政府也在酝酿一系列鼓励生育的措施。例如，时任莫斯科市市长卢日科夫建议，恢复苏联时期向生育多胎妇女授予"英雄母亲"称号的做法，并宣布将2007年命名为"儿童年"。

从2007年起，莫斯科各妇产医院将在产妇出院时直接为新生儿举行隆重的登记仪式，莫斯科市民政局的工作人员将为新生儿颁发"小莫斯科市民"纪念章，莫斯科市政府用于鼓励生育的拨款已从2006年的250亿卢布增至360亿卢布。2007年，莫斯科家庭在生育第二胎时获得的一次性补贴也从2006年的2000卢布增至1万卢布。

第二，准备征收无子女税。

俄卫生和社会发展部部长祖拉博夫建议政府恢复征收苏联时期实行过的无子女税，希望通过税收杠杆促使已婚未育夫妇或无子女家庭繁衍后代，同时用这笔资金扶持生育多个子女的家庭。在卫国战争时期，苏联政府为鼓励生育、保证战争的人口需要，曾出台了一部法令，向国民征收无子女税：所有20～50岁的已婚男性公民和20～45岁的已婚女性公民，若不是出于健康原因而未生育子女，需缴纳相当于其月工资6%的无子女税。由于这项措施，苏联人口在一段时期内出现了上升趋势。据有关媒体报道，目前，俄罗斯国家杜马正在对立法恢复征收无子女税进行可行性研究。按照俄罗斯现行法律规定，产妇可以休满3年产假再回到原来的工作岗位。还有个别议员建议，产妇的产假可延长至7年。

三是鼓励移民。

面对出生率难升、死亡率难降的困境，解决人口危机的最好办法之一是鼓励移民。

普京总统认为，制定有效的移民政策是稳定人口数量的重要步骤，"国家人口的增长必须辅以成熟完善的移民战略"。在选择移民的标准上，普京坚持首先考虑吸引境外的俄罗斯人，其次是吸纳"有专业技能的"、"受过良好教育"和"守法的"外来移民。普京强调，外来移民必须尊重俄罗斯的文化和民族传统。同时，普京主张，给予外来移民俄罗斯公民权，"每位合法移民都应有资格成为俄罗斯公民"。考虑到经济发展问题，俄罗斯也需要大批外来移民补充本国的高级人才和普通工人储备，从而为其经济发展注入新的活力。有专家预测，在未来20年内，要保持经济增长，俄罗斯每年至少应吸纳80万个外国劳动力。

　　普京的人口政策目标明确，措施具体，如能逐条加以落实，无疑将有助于俄罗斯人口数量的稳定和增加。但俄罗斯人口减少是长期积累的结果，绝非几项政策就可轻易改变。根据俄罗斯官方和民间以及国际人口组织的预测，未来几十年俄罗斯人口仍将持续减少。

第五节　母亲（家庭）资本的积极作用

　　2006 年 12 月 29 日俄罗斯联邦总统普京签署了第 256 - Φ3 号联邦法律《关于国家援助有子女家庭的补充措施》，2007 年 1 月 1 日生效。2006 年 12 月 30 日俄罗斯联邦政府第 873 号令《关于发放国家母亲（家庭）资本券的条例》根据上述联邦法律第 5 条确定了申请国家母亲（家庭）资本券的原则。2007 年 10 月 9 日俄罗斯联邦总统签署了第 1351 号令《关于确定俄罗斯联邦 2025 年人口政策的构想》。

　　"母亲资本"是俄罗斯于 2007 年开始实施的一个促进生育的项目，这个项目向生育第二个以及更多孩子的家庭提供补贴。按照此前计划，母亲资本将实施至 2016 年年底，母亲资本项目实施后，俄罗斯的出生率提高了 30%。

　　俄罗斯的人口政策旨在"延长居民寿命，降低死亡率，提高出生率，调整内外移民，保持和加强居民的健康，并在此基础上改善国家的人口状况"。俄罗斯人口政策中稳定人口的前提是显而易见的。

　　2007 年 1 月 1 日，俄罗斯居民有 1.42 亿人（根据俄罗斯统计署资料），同样出自统计署的资料，2008 年 1 月 1 日为 1.42 亿人，2013 年为 1.40 亿人。从 1991 年开始，俄罗斯的人口增长就停止了。从 1992 年开始居民人数持续减少，在 1990~2012 年，俄罗斯人口的死亡率一直高于出生率。在 2013 年 1~11 月间，俄罗斯人口的自然增长人数为 22700 人。这是自 1990 年以来俄罗斯人口的第一次自然增长。

一 母亲（家庭）资本资金的运用

根据 2006 年 12 月 29 日第 256-Φ3 号联邦法律《关于国家援助有子女家庭的补充措施》，子女出生或者自领养日起不满 3 年并有权获得母亲（家庭）资本或者已经领取母亲（家庭）资本券者，可以支配母亲（家庭）资本的资金。

关于支配资金的申请，由取得国家母亲（家庭）资本券的个人或其合法委托人在居住地（实际居住地）的养老基金会地方机构办理。

母亲（家庭）资本的资金可以全部或部分地用于改善住房条件和子女接受教育。从 2007 年 1 月 1 日开始，母亲（家庭）资本的资金还以劳动退休金的形式发放给某些特定妇女，需要保证她们生育（领养）了第二个、第三个或更多子女，且从未享受过国家援助补充措施。

法律在居民用母亲（家庭）资本的资金购买（建造）住房方面并没有什么限制。可以用于购买（建造）多住宅的房屋，也可以是独家住房。实质性的要求是用母亲资本资金购买或建造的房屋，必须是用于居住的而且必须是在俄罗斯联邦境内。

2008 年 12 月 25 日通过了第 288-Φ3 号联邦法律《关于修改〈关于国家援助有子女家庭的补充措施〉》，将受理使用母亲（家庭）资本资金偿还主要债务和支付贷款、借款利息的生效日提前至 2009 年 1 月 1 日，其中包括用于购买（建造）住房的抵押贷款利息。办理贷款（借款）包括抵押贷款的人中，大部分是年轻人，他们中间有生活困难的人，也有因经济危机需要偿还贷款的人。使用母亲资本资金偿还主要债务和支付贷款（借款）利息，无疑能够大大减轻年轻家庭偿还贷款的压力。

二　母亲（家庭）资本的资金主要用于儿童教育

母亲（家庭）资本的资金（部分资金）用于儿童接受教育和与儿童教育相关的其他开支的规则，是由俄罗斯联邦政府 2007 年 12 月 24 日第 826 号令《关于确定母亲（家庭）资本资金（部分资金）用于儿童接受教育和实现与儿童教育其他相关支出的规定》做出的。

俄罗斯联邦宪法保障俄罗斯公民可以"进入国家或市政教育机构享受免费的学期教育、基础和普通教育、中等职业教育等"，同时也允许国家、市政教育机构提供有偿的补充教育服务和非国有教育机构的有偿教育。母亲（家庭）资本的资金主要运用于这些有偿教育。

（一）提交申请

支配母亲（家庭）资本用于儿童在教育机构里接受教育，母亲资本券的获得者向俄罗斯联邦养老资金会地区机构，离开俄罗斯到境外常住地定居的俄罗斯联邦公民和在俄罗斯联邦境内没有明确注册居住地（逗留地）的俄罗斯公民，直接向设在莫斯科的俄罗斯联邦养老基金会提交申请。

（二）可用范围

母亲（家庭）资本的资金（或部分资金）可以提供给子女收养的孩子用于接受教育。由俄罗斯联邦养老基金会地方机构根据签订的有偿教育服务合同通过非现金转账方式将资金划拨到教育机构的账户。

母亲（家庭）资本的资金可以用在接受面授教育，也可用在接受函授教育；可以是全日制教学形式，也可以是夜校教学形式。至于接受教育的是第一个还是第二个孩子，这对做出划拨资金的决定没有影响。资金也可以用于支付教育机构提供给外地学生在学校期间宿舍的房租。

持有家庭资本国家证书的家庭不仅可以将资金用于教育支出，还可以用于支付儿童在教育机构中的生活费。

此外，必须遵守的条件是，可以使用母亲（家庭）资本的资金（部分资金）接受教育者的年龄在教育开始时不应超过25岁。

三　近年来母亲（家庭）资本的使用情况

据俄罗斯养老基金的数据，用家庭资本偿还住房贷款和公债是2011年俄罗斯家庭资本使用的最流行方向。按照家庭资本国家证书持有人的申请，俄罗斯养老基金为此发放了1100多亿卢布。就整体而言，自家庭资本援助计划在俄罗斯全境推行以来，有67.8万户俄罗斯家庭部分或全部偿清了住房贷款，其总额超过2180亿卢布。

与此同时，自2010年开始，俄罗斯养老基金已经收到了来自近25.7万个家庭的申请，这些家庭确定了家庭资本支出的基本方向。其中，23.6万份申请是用于改善住房条件的，总额超过730亿卢布，2011年的申请为18.8万份，总额为580亿卢布；2万份申请是用于子女教育的，总额为10亿卢布，这其中2011年的申请为1.43万份，总额为7.51亿卢布；另有76.2万份申请是用于将资金转移到母亲未来养老金的累积部分，总额为1.4亿卢布，这其中2011年的申请为43.8万份，总额为8600万卢布。

到2012年已经有340万户俄罗斯家庭领取了家庭资本证书，养老基金预算中为支付家庭资本储存了1627亿卢布。家庭资本的使用极大地缓解了有子女家庭的经济条件。

第五章
转型期俄罗斯独特的劳动力就业调整机制

苏联时期，政府实行普遍就业的政策，不承认劳动力是商品，因而事实上也不承认劳动力市场和失业的存在。劳动力市场是随着俄罗斯向市场经济过渡而逐步建立起来的。但是实践表明，今天的俄罗斯并没有彻底摆脱"历史的束缚"，在社会生活的各个领域，70年的社会主义遗产仍在不同程度地发挥作用。俄罗斯劳动力就业领域的演变比较典型地反映了这种状况。

第一节　转型期俄罗斯的劳动力资源

社会生产发展的前提和主要生产力是居民。有劳动能力的居民是受到年龄界限制约的那部分居民。劳动年龄界限具有可变性，是由经济社会条件和人的生理特征决定的。目前俄罗斯联邦在劳动力资源的再生产方面出现了非常不利的情况，可以形容为长期的人口危机，这将会导致不可逆转的消极的后果。

劳动力资源的再生产是由整体人口的再生产决定的，然而，这两个过程并不吻合，这可以用下面的原因解释：出生率的变化必须要在儿童达到劳动年龄以后才反映在劳动力人数上；而人们退出劳动（达到退休年龄）会直接影响劳动力人数。

首先，受出生率、劳动年龄人口增长速度和性别结构等人口因素影响，劳动力供给数量下降。俄罗斯人口的年均增长速度在转型期急剧下降，从20世纪70～80年代的1%下降到90年代的负增长水平。

其次，除了人口因素这一重要指标外，各民族劳动年龄人口的经济活跃性也会对劳动力资源供给造成影响。我们用劳动参与率，即就业和失业人口与劳动年龄人口总和之比来表示。20世纪90年代至2000年，俄罗斯劳动参与率呈下降趋势；2000～2007年，出现缓慢上升趋势。

1993～1998年，俄罗斯女性在各年龄组的劳动参与率都存在下降趋势，其中25～49岁的女性劳动参与率从90%降至84%。

最后，移民进程也影响着劳动力供给。

1990～1997年，俄劳动力市场移民增长主要是来自原苏联各加盟共和国的移民，数量超过650万人。此后，俄劳动力数量呈现急剧下降的态势。① 俄劳动力市场发展动态如图5–1所示。

从数量上来看，俄罗斯劳动力市场存在劳动力资源短缺，这与移民动态及人口自然变动存在直接联系。劳动移民大多为劳动年龄人口，能直接进入劳动力市场，而新增人口进入劳动力市场的周期较长。据专家预测，近年来，俄罗斯各类经济活动的劳动力缺口达500万～700万人。

从人口的自然变动来看，据2013年人口普查数字，俄罗斯常

---

① Ю. Евгени, Проблемы развития российского рынка труда в контексте демографического кризиса, http：//www. demographia. m/articles—N/index. html？idR：20&idArt = 62.

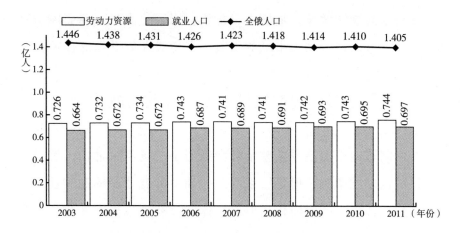

图 5 - 1　2003 ~ 2011 年俄罗斯劳动力市场

资料来源：根据联合国经济学家联合组织数据整理。

住人口为 1.4 亿。人口数量呈下降趋势是低出生率和高死亡率双重作用的结果。人口的高死亡率造成人口预期寿命指标的偏低（65岁），尤其是男性人口预期寿命仅为 59 岁。还有就是俄罗斯人口老龄化，特别是经济自立人口的老化。根据预测数字，从 2007 年开始，俄罗斯老年人口以每年 30 万人的速度递增，2013 年 65 岁以上的老年人占总人口的 13%，到 2025 年将达 18%。

　　劳动力资源还存在结构性短缺，体现在某些具体行业就是高技能人才短缺及劳动年龄人口的老龄化，30% 的年轻人大学毕业后在选择职业时与自己所学专业并不相关。俄罗斯就业领域的结构性问题制约了国家的社会经济发展，并直接影响着人口再生产。低工资和失业对家庭发展有着不良影响，失业是导致社会问题的重要因素，如犯罪、酗酒和吸毒等，对社会稳定、体面的生活失去信心进一步导致拒绝生育、延迟生育或堕胎、离婚等，不利和有害的劳动条件则会引起劳动人口健康恶化，早死概率很高。劳动力市场的结构性问题增加了人力资源的支出，造成经济增速减缓，使社会人口政策支出不能继续增长，加剧人口危机。因而，人口下降影响劳动力市场，反过来，劳动力市场的供需不平衡对人口下降也有影响。

第二节　转型期俄罗斯的劳动力就业

在体制转型中，俄罗斯整个社会经历了一场巨大冲击，劳动力就业领域也未能幸免，但是，俄罗斯劳动力的就业、福利和社会保护等虽然在转型中有所弱化，但原有体制没有发生根本变化，更没有遭到彻底颠覆。总体来说，转型中俄罗斯劳动力就业变化好于预期。究其原因，主要有以下几个方面。

一　失业率上升幅度温和

失业与就业是一个问题的两个方面。失业者是指计入劳动力人数而没有工作的人。国际劳工组织将失业人员定义为："在一定年龄以上、在调查统计的一定时间范围内没有工作、目前可以工作而且正在寻找工作的人。"可见，在对失业进行计算时，并不是把每一个没有工作的人都看作失业者，失业者指的是那些非自愿失业的人。

转型期间，作为经济长期衰退的直接和不可避免的后果，大规模的失业现象几乎是可以预料到的。尽管俄罗斯在向资本主义经济转型过程中总体的社会代价极高，但是大规模的失业却一直没有出现。这种被称作"俄罗斯奇迹"现象的最主要根源在于大多数俄罗斯政治家把高失业率看作对政治稳定的主要威胁，因此他们制定各种政策以极力避免它。1992～1995年，由于时行时止地采取了货币政策、内部私有化以及各种公开和隐蔽的对劳动者进行补贴等政策，俄罗斯的失业率一直维持在中等水平。其中一个重要的手段就是减少企业员工的工作时间和实行频繁的轮换制，从而人为地"创造"出更多新的就业岗位。上述措施部分地解释了为什么在俄罗斯生产力下降没有导致更多的失业现象。

另一个奇怪的特点是自愿被解雇的人占多数。在俄罗斯的劳动力市场，由雇主提出的解雇并没有明显的增多。自愿被解雇的占多数，达到离开工作岗位人数的65%～74%。

俄罗斯失业率的上升是缓慢和逐步的，只是在市场改革第6个年头它才跨过10%的界限，达到大部分其他后社会主义国家在恢复经济增长以后达到的水平，登记失业率更是低得惊人，到20世纪90年代末期也不过在2%左右，进入21世纪以后，登记失业率在2%上下波动。俄罗斯一进入复兴时期，失业指标就飞快下降，减了一半，从1999年初最高的14.6%降到2005年中的6.1%。这样的失业率下降速度是别的任何一个过渡经济体都无法比拟的。

二 灵活的工作时间和工资

在转型的思路和做法上，俄罗斯的总体策略是激进的"休克疗法"，但即使如此，政府从来没有公开倡导过"效率优先、兼顾公平"，没有把效率明确置于公平之上；也从来没有以"减员增效"为号召，动用行政力量对大量公有及国有企业实行关停并转，迫使大批工人下岗失业。

俄罗斯劳动市场不一般的特点是劳动时间长度大幅缩短。在20世纪90年代上半期，工人一年中的平均工作天数几乎缩短了一个月。这种情况在任何一个东欧中亚国家都未曾有过。许多劳动时间指标俄罗斯都与其他几个国家有很大的区别。到处可以看到偏离标准工作周天数的情况，有的在减少，还有的在增加。例如，在所有就业人员中只有近15%的人每周劳动时间超过40小时。从工作时间长度的变化看，俄罗斯劳动力市场显示出非典型的高度弹性。

　　为了应对经济衰退，同时避免大量解雇员工，大多数俄罗斯企业除了放任实际工资下降之外（即货币工资的上升慢于一般价格水平的上升），还采取让工人不带薪休假，以及延迟支付工资的办法。工资拖欠是俄罗斯转型期间一个重要现象，它在一定程度上替代了裁人裁员，成为自发形成的调节战略之一。

　　俄罗斯政府和舆论界历来都认为低水平就业比公开的失业要好。俄罗斯社会学家和历史学家列昂尼德·戈尔东就很明确地强调了俄罗斯道路的社会和政治受益。他认为"俄罗斯社会已经摸索出部分是主动的、部分是自发的一些合理的方法，如短期就业、工资拖欠等。向失业的转型过程是通过部分就业的方式渐进推行的，很明显社会更容易接受这种方式，而不是一次性使无数职工下岗的方式。另外，低就业并不总是导致失业"。一些西方观察家也同意这种观点：在这令人沮丧的氛围中，在面临巨大的结构调整的过程中，这种避免大规模失业的做法可能是俄罗斯经济转型中的一个伟大成就。①

三　工资低水平和不稳定使劳动者从事多种劳动，奔波于第一、第二、第三职业

　　实际工资的降低严重影响了人们的生活水平，为了增加收入，维持体面或正常的生活水平，许多劳动者转向兼职，通过第二甚至第三职业获得补充收入。劳动立法也赋予了劳动者兼职的权利，他们除了与本职单位签署劳动合同之外，还可以与另外的企业签署劳

---

　　①　Владимир Гимперсон, Политика в регулировании российского рынка труда, Вопросы экономики, No. 6, 2002 г..

动合同，同时拥有多份工作。兼职工作时间通常规定每天不超过 4 个小时。

面向市场经济的改革也为俄罗斯人创造了一些发财致富的机会。俄罗斯大城市约 30% 的家庭有车，在马路上跑的绝大多数是自备车，车主运气好的话一天可以赚几千卢布。俄罗斯 30% ~ 50% 的人有隐性收入。不少人从事贸易、翻译、咨询、中介等自由职业或第二职业，收入比较可观。由于俄罗斯的灰色经济占有很大比例，居民的实际消费支出要高于国家统计的居民收入。

四　基本框架保留完好的社会保障体系和工厂福利制度

社会化的保障体系在苏联时期已经全面建立起来，全民医疗保健、妇女儿童补贴、退休金、残疾人和贫困户救济等制度已经覆盖了全国人口，所有劳动者都享有国家提供的这些广泛的社会福利，如免费教育和进修、免费医疗、免费疗养和休假等，还有住房、食品、供暖等福利补贴。

在经济严重衰退的转型期间，社会保障体系一度面临重重困难，经费严重不足导致服务水平下降，例如医疗设备得不到改善；社会服务人员工资收入过低，刺激了寻租的冲动，服务质量难以保证；一些本应提供免费服务的单位设法通过各种途径"创收"，导致变相收费等。但是，尽管一度处于风雨飘摇之中，俄罗斯的改革并没有推翻苏联时期建立的社会保障体系，其基本框架始终保留完好，而历届政府都维持了这个领域中对国民的基本承诺——待经济状况好转之后，社会保障水平将会随之得到提高和改善。

除社会化的社会保障体系外，苏联时期的另一个传统是企业提供一系列广泛的福利项目作为工资体系的一部分。在一些地方，企业福利在整个报酬中的比例和重要性甚至超过工资。企业福利名目繁多，包括带薪休假、补充假期、休息活动室、病假福利、医疗服务、房租补贴、幼儿园补贴、奖金、利润分享、贷款、退休援助、补加退休金、技能培训、食堂补贴、发放带补贴的消费品、交通补贴等。激进的私有化下企业转制并没有彻底废除苏联时期建立的工厂福利制度。有调查表明，即使在激进转型的 20 世纪 90 年代，企业福利水平也并非呈现直线下降趋势。到 1996 年，尽管由于经济困难出现实际工资下降和工资拖欠，但大多数工厂仍在提供这些福利，不过除了技能培训和奖金有所增加外，其他各项福利水平都下降了。1995～1996 年，不同种类福利水平减少的幅度从 0.3% 到10.4% 不等。即使如此，有些研究认为，在激进转型期间，即使工资被拖欠、工时被削减或者被迫不能带薪休假，大量企业职工仍然选择留在厂里，一方面寄希望于经济好转，另一方面是由于企业福利对他们有吸引力。直到目前，许多企业特别在一些经营状况较好或大型企业，仍保留提供某些福利待遇的传统，例如补充医疗保险、补充养老金、培训机会、休假条件等，以此吸引人才，保持劳动力优势。

五　极高的劳动力流动性

另外，转型期间俄罗斯劳动力就业模式调整还有一些其他原因。20 世纪 90 年代俄罗斯社会转型造成了俄罗斯联邦移民进程的极大变化。由于经济衰退，俄罗斯居民迁移的总体动机大大下降了。同时，西伯利亚和远东地区居民向欧洲部分回流。根据俄罗斯统计署的资料，每年有近 20 万人离开俄罗斯。其中有 10 万人左右是高技能专家：工程师、软件设计人才、文化活动家、学者。这给俄罗斯的人口、劳动和职业潜力造成了消极影响。

从国家掌控的渠道来看，最近几年从事境外短期劳动的俄罗斯人数量稳定增加。这个现象可以说是积极的，因为暂时的劳动移民可解除国内劳动市场的紧张，促使移民专业技能的提高，并成为国家外汇收入的来源。同时可以看到，1990～1997年，俄劳动力市场有大量来自原苏联各加盟共和国的移民，数量超过650万人。然而此后，移民人数呈现急剧下降的态势①。

在俄罗斯国内，从苏联时期开始，劳动者就拥有更大的就业选择范围，转换工作更自由、更灵活，政府设立就业服务处承担保障就业的具体责任，为另谋职业的职工安排适合其专长的其他工作。转型以来，遍及俄罗斯各地的就业服务处继续提供就业服务，尽管不像以前那样保证为辞职职工找到符合其专业的工作，但仍继续提供帮助劳动力就业的服务。此外，苏联时期的社会保障体系及其他社会福利已经实现了社会化，职工的基本生活不与某个特定企业捆绑在一起，因此，他们在工作转换中没有太多的后顾之忧。转型中就业变化的特点是工作岗位流动性较弱，即新建企业和倒闭企业数量相对较少，而劳动力流动性较强，即劳动力更多地在不同就业岗位之间流转，包括兼职，这些因素在一定程度上减缓了大规模失业。

六 俄罗斯的国民特性

苏联时期实行人人有工作的政策，除了老、弱、病、残者外，有工作能力的人不去上班会被认为是二流子或刑事犯罪，因此俄罗斯人对失业有强烈的反感。俄罗斯的企业很少主动解雇工人，企业不光给工人提供工资，而且还提供住房、幼儿园、休假、医疗保健等社会福利，而离开企业则会失去这一切，同时会失去社会身份和

---

① Ю. Евгени, Проблемы развития российскогорынка труда в контексте демографическогокризиса, http：//www. demographia. m/articles—N/index. html？idR：20&idArt＝62.

安全感。为了保住工作岗位，俄罗斯人宁可接受削减工资和降低生活水平的结果，而不是举行罢工。他们只有在找到更好的工作之后，才会同原单位脱离关系。容忍隐性失业是俄罗斯失业率低于东欧国家的原因。

俄罗斯的劳动者在争取自身权益上表现消极，既有前面所提到的工作机会减少、工资水平降低等多种客观因素的影响，同时也与俄罗斯民众在困境中逆来顺受的传统、笃信东正教中"命运天定"的教义等主观因素分不开。引用美国社会学家大卫·克诺的一句话做总结："俄罗斯的劳动力是软弱的，他们是价格的接受者，而不是创造者，在很大程度上不能对周围的环境施加影响。"[1]

从以上分析可以看出，转型时期俄罗斯劳动力市场的运作具有的特征是：相对不多的就业损失和温和的失业；灵活的工作时间和工资形式；强劲的劳动力流动和普遍实行的"非标准"的劳动关系形式；还有国民对现实的忍耐和不高的罢工积极性。可以看出，这些调整机制很好地适应了体制转换进程。但是，这种适应是依靠劳动的价格和劳动时间长度的改变而不是靠就业的改变来实现的。

第三节 俄罗斯解决就业问题举措

俄罗斯国家劳动关系的演变总体上符合市场改革的初衷。这种市场的特点是高度保护就业，细致的就业分类和稳定的长期失业人群，形成了签订集体合同的复杂机制。随着经济和社会改革的深入，为适应就业模式和劳动关系的变化，俄罗斯在就业领域运用了一整套标准的制度做法：实行了法律规定的最低工资制，建立了失

---

[1] David Cornor, "Labour Market in Russia," *Economic Studies*, No. 11, 1999.

业保险制度，使罢工合法化，建立了复杂的多级集体谈判制度，规定了劳动报酬基金税，实行了收入的税收限制政策，尝试了工资的指数化及其他做法。

为了促进就业，俄罗斯从本国国情出发，经过多年努力，已基本形成一套居民就业保障体系及其运行方法。

一　实行积极的劳动力市场政策

（一）失业人员支持制度

第一，根据俄罗斯《居民就业法》的规定，失业人员可以领取救济金。失业救济中心负责向失业者发放由国家就业基金提供的失业补贴。每个年满 16 岁并根据现行法律判断为失业的公民均可享受法律赋予的获得失业救济金或补偿金的权利（达到退休年龄后不再享受此权利）。根据失业人员最后工作岗位工资的百分比发放补助，时间为 12 个月。从 2009 年开始，失业补助最高金额又提高了 50%。

第二，组织和实行专门的失业公民分类措施。将失业公民按他们以前职业活动的类别、教育水平、性别、年龄和其他社会人口学特征分组，目的是在当前劳动力市场条件下给予其有效的帮助。

第三，开展劳动力市场培训。俄罗斯设立了近百个职业培训中心，为失业人员进行与就业服务机构指派相适应的职业培训、再培训和提高专业技能服务，以使失业者达到重新就业的目的。

第四，积极开展失业人员的心理咨询服务。为了帮助那些长期失业人员克服心理障碍，恢复自信心，俄罗斯劳动和社会发展部于 1996 年 9 月 27 日批准了《俄罗斯联邦居民就业指导和心理帮助条件》，并实行失业者俱乐部和新起点计划。通过对长期失业者的心理治疗和专业培训，使他们掌握一定的谋职技巧及方法。与此同时，还对那些即将被裁员的企业员工提供法律和心理咨询服务，对他们进行培训，使其在失业前就做好再就业方面的准备。

第五，提供其他保障。在就业服务机构派去职业受训时免费进行医学体检；对根据就业服务机构的建议派去另一地方工作（学习）时受到的物质损失按俄罗斯联邦确定的程序给予补偿。

（二）自主就业

居民自主就业的发展也可以增加就业岗位。为了使那些想自己创业的人员实现梦想，俄罗斯实施了自主就业计划。想要得到援助的人员必须具有一定的才能，经过测试和筛选，并在完成相应培训后才能得到具体的经营帮助。自主就业者在办理必要的手续后可得到一定数量的资金援助。近年来，俄罗斯自主就业的人数总体呈上升势头。

（三）公共就业工程

公共就业工程是在经济发展缓慢时，国家出资为困难群体尤其是长期失业人员和青年工人提供临时就业机会的工程，一般包括社区建设、植树、建筑等工作。它不仅可使长期失业者受益，也可使项目所在社区受益。为帮助寻找工作的公民，俄罗斯就业机构通过与地方企业及社区的合作，组织失业人员参加有酬公益性工作，安排他们从事一些技能要求较低的临时性社会工作，如城市环保、绿化、道路养护等。家庭贫困、长期失业及无业青年优先享受此待遇。

二　积极支持中小企业的发展

小企业是市场经济的基础，中小企业不仅经营灵活、能较快地提供新产品和服务、对外界环境的适应能力较强，而且具有就业吸纳能力强的特点。近年来俄罗斯中小企业的发展在创造就业岗位方面发挥了较大的作用，成为扩大就业的重要渠道。目前俄罗斯小企业的数量有 80 万家，其中有 20 万家在莫斯科，80% 的小企业从事贸易、财务服务、建筑业等，小企业的平均工资是莫斯科平均工资的 75%。为扶持中小企业的发展，俄罗斯制定了许多优惠政策：简化注册程序，提供贴息贷款和廉租商业用房，建立小企业基金，减免税收，提供免费法律咨询和市场分析，鼓励和促进技术革新活动，组织培训进修，等等。

三　制定和实施保证居民就业措施的活动

严控企业非法裁员是政府考虑的重点之一，政府下令强力机构参与维护劳动力市场稳定，要求最高检察院在维护劳动者权利和防止非法裁员、强迫员工休假及拖欠工资等方面加大监督力度。与此同时，时任俄总统梅德韦杰夫表示在就业领域必须使临时性的反危机措施向长期和系统性的措施转变。

劳动者和雇主在关于国家对居民就业提供保障和俄罗斯联邦主体劳动市场情况方面问题的知情度提高了。所有俄罗斯联邦主体都组织了咨询点和电话"热线"工作。为促进失业人员和未就业公民以及面临裁员风险的（居住在俄罗斯联邦所有主体的）公民就业，组织了"工作在俄罗斯"信息网站。每周更新工作岗位空缺信息。

使用集体劳动合同制度。谈判过程不仅包含某些企业，甚至牵涉整个行业和地区。在三方委员会框架内制定和签署的总工资表协议有固定的合同架构，包括在各级劳动协议中可以严格限制雇主解雇工人的自由。现行法律赋予了工会实质上的对雇主裁员的否决权。

四　促进大学生就业

俄联邦国家统计局公布的数据显示，2013 年一季度俄失业率为 5.8%，远低于三年前危机最严重时的 8.2%。不过大学毕业生等青年群体在找工作时依然困难重重。统计数据显示，截止到 2013 年 4 月，俄失业人员平均年龄为 36.5 岁，其中 25 岁以下的年轻人最多，占 23.3%；数据还显示，没有工作经验的失业者占 26.4%，表明高校毕业生的就业形势不容乐观。针对这种情况，俄政府采取了如下措施。

第一，实行促进青年就业计划。

为使学生掌握独立的求职能力，在实践中掌握劳动技能，为日后寻找工作打下良好基础，俄罗斯自 1995 年起实行了促进青年就业计划，对他们进行自我心理保护方面的培养。该计划不仅为青年提供就业信息与服务，还帮助他们进行竞争力较强的新行业分析，同时为他们自主创业出谋划策，并进行相关的培训。

第二，采取一系列支持大学生学业的措施。

当大学生特别是自费大学生以及使用或计划使用教育贷款的大学生因经济危机陷入困境时，实行低息（年息不超过 11.5%）教育贷款和加强国家支持。

第三，保证中学、中等专业学校和高校毕业生的就业，为他们采取一系列措施：尽管人口下降，但仍为高校函授部保留 2008 年水平的预算名额，增加硕士和副博士的名额，还有就是改变高校和中等专业学校的专业结构。增加最需要的技术专业的预算名额，减少人文学科的预算名额。

第四，通过允许教育和科研机构开办中小企业的法律，推广企业与高年级学生签约委托培养的做法，这有助于职业教育机构毕业生的劳动安置。

五　对劳动力的社会保护

有研究认为，在各类企业中，对职工影响最大的因素是企业的财务状况和管理层的意志，其次是劳动立法和工会活动等。在转型中虽然工会比较软弱，但由于苏联时期建立了较为完善的劳动立法，所以在转型中劳动立法继续具有法律效力。因此，即使身份转变为雇佣劳动力，劳动者原来拥有的权利在很大程度上仍然得到了维护。

俄罗斯《劳动法》对涉及劳动就业的各方面都做出了详细的硬性规定，从劳动谈判、劳动和休息时间、工资福利待遇、就业保障和补偿、劳动培训、劳动保护，到对特殊行业职工的特殊调节、保护劳动权利和自由、解决劳动争端等。

总之，转型 20 年来俄罗斯的劳动力市场从无到有，逐渐摸索出了一条比较适合俄罗斯国情的道路。政府、企业和劳动者主体之间相互斗争和妥协，在国民经济大滑坡的情况下维持了较高的就业率和一个相对健康的劳动力市场，为俄罗斯经济复苏和发展创造了有利条件，这可以说是俄罗斯整个经济转型过程中为数不多的亮点之一。

第六章
转型期俄罗斯社会保障制度的变革

苏联社会保障模式，是与高度集中的计划经济体制相适应的，国家和企业负担全部社会保险费用。苏联社会保障被称为国家保险模式，侧重的不是通过社会再分配来缩小社会不平等，而是通过社会保障制度实现社会保障待遇的全民平等享受。其目的在于让全民平等地享有由经济发展带来的社会福利。这种社会保障制度的主体是国家，"国家不仅是社会保障制度的立法者和监督者，更是这项制度的执行者和实施者"。① 个人作为社会保障的受益者，不需要缴纳任何保险费；社会保障的范围广泛，包括学生、职工、因公伤残人员、集体农庄庄员等；社会保障的项目丰富，涉及生育、疾病、伤残、养老乃至丧葬补贴各方面；全民作为国家的主人，一律平等地享有社会保障待遇。

在社会转型的过程中，俄罗斯经济急剧衰退，人民生活水平大幅度下降，但俄罗斯社会经受了"休克疗法"的冲击，基本上保持了平稳，究其原因，应该说，原有的社会保障体系功不可没。社会保障为向市场经济的转轨提供了基本的安全网，在新的体制尚未完全建立之前，旧的体制不宜马上废除。

---

① 和春雷主编《社会保障制度的国际比较》，法律出版社，2001，第87页。

第一节 俄罗斯社会保障变革的背景及动因

社会保障制度集结了社会公正、平等、效率、人道等人类社会治理的基本价值准则，正是这些准则凝聚了人类文明的道德水准，标示了现代社会保障制度应然性的价值所在。苏联社会保障制度的产生有其历史的必然性，可以通过俄国的历史传统及政治文化等侧面，对其进行深刻的分析。

一 苏联社会保障制度产生的历史必然性

（一）俄罗斯村社集体主义和东正教传统对社会保障制度的影响

村社制是俄罗斯社会最基本的特征之一。俄罗斯封建制度始于9世纪古罗斯国建立之初，延续到19世纪中叶（1861年），历时近千年。在早期的封建社会就有村社制（又称公社）。9世纪之前古罗斯居民的劳动组织是农村公社，这是一种地域公社，公社内部全部土地归公社所有，以家庭为单位进行劳动生产。村社社员因天灾人祸向封建主借债或与其订立契约，被迫沦为依附农民的数量不断增加。14~15世纪，以莫斯科公国为中心的东北罗斯开始了统一进程，并在15世纪末和16世纪初建立了中央集权的国家。15世纪末开始的农民农奴化现象，在东欧国家普遍出现。16世纪随着中央集权专制帝国的形成，农民农奴化的过程加剧，很多农民为了防止成为农奴而越来越依附于公社。公社的职能包括以下几个。（1）土地公有，定期重分。（2）连环保。表现在租税征收上，实行"征税对社不对户，贫户所欠富户补"的原则。在连环保中某户如果欠税，他将因连累全社而承受巨大压力，换一个角度讲这等于借租税征收实现削贫济富。（3）劳动组合。公社虽以"公有私耕"为主，但并非完全"单干",而是在许多生产环节上实行"集体主义"的劳动方式。(4)"村社民主"与"畜群式管理"的统一。公社世界的"民主"与法制、"平均"与等级压迫、对其成员的"保护"与束缚,使俄国成为一个"非个性化的集体主义意识的国度"。

1861年的农奴制改革及1907年开始的斯托雷平改革①并没有达到摧毁村社的目的。原因是农业资本主义发展不足,自然经济还在农业中占优势。1917年俄国革命后,复活并强化了公社世界,消灭了独立农民。后来村社继续复兴,到新经济政策时期的1927年,有96%的土地与95%的农户在村社中。1927年以后,苏联开始了全国性的集体化运动,用行政的手段以"全苏大公社"取代了35万个传统小公社。就这样,苏联走上了一条非市场经济的道路。

从上述发展过程可以看出,俄罗斯有着村社集体主义的传统,有着专制主义的传统,这些传统综合到一起,使俄罗斯缺少效率观念而更加重视社会公平意识。这种思想意识通过东正教进一步强化了:东正教的伦理严厉谴责追求暴利的企图,甚至谴责财富本身;东正教倡导大公无私、仁慈善良、造福大众、彼此信赖和自我牺牲。

俄罗斯人口主要由贫困的农民组成,迅速工业化导致都市人口过密、环境拥挤及工人的工作环境、条件恶劣。俄罗斯模仿德国的现代化道路,但没有成功。工人、农民与激进的知识分子相结合,夺取了政权。为了加速现代化步伐,俄国采取了更加强制的手段,由国家控制全部资源,全力推进工业化,建立了高度集中的社会主义计划体制。不言而喻,在这种大一统体制下,社会保障自然也应该全部由国家承担。

---

① 旨在摧毁传统公社、实行土地私有化并确立资本主义产权制度的改革。

（二）俄国的政治文化对社会保障制度的影响

俄罗斯政治文化表现出集权的倾向，"俄罗斯有着漫长的独裁传统"①。当代俄罗斯政治家、莫斯科市前市长卢日科夫认为，决定俄罗斯社会经济进程特点的主要因素是，"在近千年的时间里，俄罗斯整个国家归一个人所有"。②

俄罗斯政治文化也表现出集体精神和对个性自由的否定。之所以如此，主要原因在于俄国的村社制。自古以来，俄国绝大多数人口生活在村社之中，村社的各种制度在一代又一代的农民身上培育着集体主义精神。"斯拉夫的或俄罗斯的民族精神自古就是集体主义的"。③

历史传统、经济、政治文化的现实对苏联领导人影响深刻，他们深知，对苏联社会保障制度的设计：一方面需要建立鼓励生产、调动劳动者积极性的社会保障制度；另一方面也要尽力减少社会成员之间收入差距悬殊带来的社会动荡。因此，苏联国家保险型社会保障模式注重兼顾社会公正、平等和人道，体现了以平等促进效率的基本价值准则。

二　苏联社会保障制度的积极贡献及存在的问题

如前所述，苏联社会保障制度的建立与本国的历史传统和政治文化有关，这些因素使苏联国家保险型社会保障制度在运行过程中产生了显著的功效，但同时带来了一些问题。

（一）积极贡献

苏联是世界上第一个将社会主义理论付诸实践的国家，十月革

---

① 〔美〕理查德·莱亚德等：《俄罗斯重振雄风》，白洁等译，中央编译出版社，2006，第15页
② 董晓阳：《俄罗斯利益集团》，当代世界出版社，1999，第283页。
③ 〔俄〕弗兰克：《俄国知识人与精神偶像》，徐凤林译，学林出版社，1999，第22页。

命后苏联人民真切体会到社会主义的优越性——苏维埃政权实行了免费教育和免费医疗制度，颁布了工人、职员在生病、丧失劳动能力时得到社会保障的法令，切实保障了人民的发展权。因此，苏联社会保障制度在促进教育科学事业发展、调节人力资源数量和流动、巩固国家整体主义信念诸方面有积极的成就。

第一，苏联社会保障制度有力地促进了教育和科学事业的发展。

苏联重视教育和科学的传统。国家从制度层面和资金方面支持教育事业的发展，支持教育科学的发展是苏联社会保障制度安排中的重要方面。比如说，苏联曾针对教育工作者、科学家实行特种的退休制度；对学生实行免费教育并发给学生补助金，为科技人员提供较好的福利待遇；在苏联的特种退休制度中，对于文化、科学技术上有突出贡献者，颁发特种退休金。[1] 在教育方面，苏联更是舍得投入。据《苏联国民经济六十年》统计年鉴记载，国家花在每个学生身上的年费用额分别为：普通教育学校170卢布，中等专业学校650卢布，高等学校则近1000卢布。幼儿园每个儿童一年的费用为450卢布以上，其中费用的80%是由国家支付的。[2]

苏联政府从教育科技文化的巨大投入中获得了丰厚的回报。仅第二个五年计划期间，苏联人不仅完成了扫盲任务（十月革命时，苏联有3/4以上人口是文盲），而且就普通教育而言，苏联当时已经赶上了一些发达的资本主义国家。即使在卫国战争期间，苏联仍未放松教育，为防止战争破坏，他们将学校迁到东部地区。到20

---

① 董克恭主编《社会保障百科全书》，中国社会出版社，1994，第384页。
② 《苏联国民经济六十年》（纪念统计年鉴），三联书店，1979，第463页。

世纪 80 年代，就业人口的 88.3% 接受了高等和中等教育。美国历史学家梅尔文·布伦曾评价："共产党俄国的最杰出的成就就是战胜了文盲。"[1] 教育的成就带动了科技的发展，尤其在物理、航空航天、数学、生物化学等科学领域，苏联居于世界前列。

社会主义实现人的全面自由的崇高理想、追求平等的价值理念使苏联政府在设计社会保障制度时能够高瞻远瞩——它将人的发展放在重要位置。[2] 教育由国家承担，国民普遍享受的社会保障政策提供了个人在教育方面的机会平等，每个人都有通过勤奋学习改变自己命运的机会。教育科学的发展使苏联的国民素质整体提高。

第二，通过在不同时期制定不同的社会保障政策，有效调节了人力资源。

苏联建国初期，为加速社会主义建设，苏维埃通过颁布有关劳动保险的法令，赋予劳动者劳动保障权，鼓励有劳动能力的人工作。卫国战争后，战争导致青壮年人口锐减，人口出生率急剧下降，由此产生了 20 世纪 60 年代苏联劳动力资源严重不足的问题。为充分发挥退休人员具有丰富经验、渊博知识的特长，苏联政府把有劳动能力的退休人员视为劳动力资源的重要补充，制定了鼓励有劳动能力的退休人员继续参加生产活动的政策。除了将退休人员继续工作作为人力资源补充外，苏联政府还实行鼓励妇女生育的社会保障政策，从劳动力再生产的角度补充人力资源的匮乏，并且收效显著。

---

① 〔俄〕米哈依尔·戈尔巴乔夫：《对过去和未来的思考》，徐葵译，新华出版社，2002，第 37 页。

② 张桂琳、彭润金等：《七国社会保障制度研究》，中国政法大学出版社，2005，第 206 页。

第三，苏联国家保险模式在运行中巩固了国家整体主义信念。

苏联人民的国家整体主义信念固然与俄罗斯民族精神中国家至上和集体主义传统观念有关，但是苏联实行的国家保险模式对这一信念的巩固功不可没。苏联建国后实行的国家保险制度使劳动人民初次享受到了从未有过的平等、自由和安全。在国家保险制度下，人不仅仅是属于自己的人，更是属于国家的人。一个人从一出生起就有伴随他成长的教育、医疗、就业、养老保险等，由国家赋予的种种社会保障影响着人们对国家的信念，实现了个人与国家的高度统一。

（二）存在的问题

尽管苏联的社会保障制度取得了重要的成就，但是随着苏联社会的变迁，它在运行中也出现了不少的问题，到了 20 世纪 60 年代末尤其明显。主要体现在以下三个方面。

第一，个人激励机制的明显缺失。在苏联社会保障中，国家是社会保障的主体，国家（或通过国营企业）承担了社会保障的主要责任，而个人作为社会保障的受益者不需要缴纳任何费用。这种个人对国家的完全寄托与国家对个人没有任何实质约束形成了巨大的反差，权利与义务的严重不对称导致了个人激励机制的缺失，而且一旦这种观念成为社会主流观念，就会使国家失去前进的动力，国家社会保障中以平等促进效率的目标也会因此而逐渐走向破产。时至今日，当俄罗斯因实行资本主义市场经济下的社会保障而强调个人责任时，俄罗斯人仍表现出那种对以往"无忧无虑年代"无限眷恋的情结。

第二，国家保障的理念在现实执行中产生异化。苏联社会是一个阶级和阶层在实践中划分不太清晰的社会。当时的社会并非是清一色的脑力劳动者与体力劳动者的结合体，在广大劳动群众之上，还存在一个通常说的"特权阶层"或"官僚集团"。除了权力因素之外，人们获得收入的手段是比较单一的，即从国家单位里领取工资，收入数额也呈平均主义的倾向，这种倾向从 20 世纪 50 年代起越来越明显。前 10% 的高收入者与后 10% 的低收入者之间的收入差距从 1946 年的 7.4 倍降为 1956 年的 4.4 倍。而到了 80 年代，他们之间的差距大约就只有 3 倍了。[①] 勃列日涅夫时期，苏联社会保障制度中的"平等"理念逐渐被"平均主义"所代替而失去了对效率的关注，忽视了个人在劳动中贡献大小的差异，造成了实际收入上的平均分配，人们不再全身心地投入工作，此时的社会保障显然没有了促进效率的功能。

第三，官僚主义、等级制度、大锅饭造成走后门、行贿受贿盛行。苏联早期就出现了腐败和特权现象，到了斯大林时期，腐败和特权现象有所发展，而官僚特权阶层的完全形成则是在勃列日涅夫时期。

以上累积的问题解决程度如何及俄罗斯面对新的社会制度所采取的对策都将影响俄罗斯社会保障的改革进程。

三　传统和政治经济文化对俄罗斯社会保障制度改革的影响

向市场经济转轨的需要和国际上社会保障制度改革榜样的推动，是俄罗斯社会保障制度改革的背景和动因。

20 世纪 80 年代执政的戈尔巴乔夫认为人道的、民主的社会主义改革不仅体现在民主政治方面，也体现在社会政策方面。于是戈尔巴乔夫抛弃以往从狭隘的阶级利益和民族利益立场出发的评价标准，而是把人的因素与利益放在优先考虑的立场上，开始对社会保

---

① 海运、李静杰主编《叶利钦时代的俄罗斯》政治卷，人民出版社，2001，第 356 页。

障问题进行大胆改革——实行了附加养老保险制度、改革医疗保健制度、注重效率等，这标志着苏联社会保障开始了由国家的绝对主体地位向多元化制度主体的转变。

苏联解体后，俄罗斯作为苏联的继承者，在新的资本主义政治制度以及注重效率和兼顾公平的价值理念指导下，于1992年开始了社会保障制度的根本性改革。

（一）叶利钦时期社会保障制度的改革

在叶利钦时代，俄罗斯整个国家的政治和经济结构改造，是在国家权力机器极其衰弱的情况下推进的，其主要任务是恢复国家权力机器，稳定政治和宏观经济。在社会急剧转型的条件下，诸多利益集团的存在、公众的不理解，往往使改革发生扭曲。因此，在叶利钦时期俄罗斯社会保障制度改革的主要内容是建立失业救济制度，改革退休制度，推行强制性的医疗保险制度，完善社会福利和社会救助，建立多层次的社会保险体系，由国家、企业、个人共同负担社会保险费用。[①]

由于在转轨初期放开物价造成通货膨胀失控，养老金的增长远远跟不上物价和工资的增长，使退休人员的生活受到严重影响。由于财力严重不足，退休养老基金的来源改变了过去一切由国家统包的办法，改为由国家、集体及个人共同负担。

原苏联实行普遍就业的政策，基本上不存在失业问题，因而社会保障制度中也没有关于失业救济的内容。在向市场经济转轨的过程中，失业问题日益严重，成为影响社会稳定的重要因素。由于俄罗斯长期处于集体主义的计划体制之下，国家的父爱主义根深蒂固，个人奋斗精神尚未得到普及，一下子把失业职工全面

---

① 冯绍雷、相蓝欣主编《转型中的俄罗斯社会与文化》，上海人民出版社，2005，第197页。

推向社会很难使人接受，但财政预算的困难又不允许对失业者进行慷慨的救济，只能在西欧的福利主义和北美的新自由主义①之间采取折中的方针。②

向市场经济转轨必然要求对原先由国家包揽一切的医疗保险制度进行改革，在叶利钦时期，俄罗斯在大体上保持免费医疗制度的前提下，改变了医疗费用全部由国家包揽的做法，改为由国家、单位和个人三方共同负担。

由于各方面因素的制约，叶利钦时期社会保障制度的改革严重滞后，如俄罗斯著名经济学家阿巴尔金所说的那样，"社会保障只是采取修修补补的形式，只能极简单地解决活命度日所需"。③

（二）普京时期社会保障制度的改革

在叶利钦时代，由于支持总统的势力在议会中处于少数，政府的改革计划经常被否决，政治动荡不安，政府总理多次更迭，普京执政后俄罗斯逐步进入一个相对稳定和发展的时期。

普京认为，"政治和社会经济动荡、剧变和激进的改革严重消耗了俄罗斯民族的忍耐力、生存能力和建设能力，只有将市场经济和民主的原则与俄罗斯现实有机结合起来，才会有一个光明的未来"，他主张加强和巩固社会保障体系。普京总统上任后，"统一"、"祖国"和"全俄罗斯"联合成一个全俄罗斯党，在国家杜马中形成了亲总统的多数，政府的任何一个法律草案都能比较顺利

---

① 在转型国家中，有人主张走新自由主义路线，即减少失业救济金，以避免穷人依赖救济而不去寻找工作。

② 冯绍雷、相蓝欣主编《转型中的俄罗斯社会与文化》，上海人民出版社，2005，第197页。

③ 〔俄〕阿巴尔金主编《俄罗斯发展前景预测》，周绍珩等译，社会科学文献出版社，2001，第206页。

地通过。俄政府开始启动一系列改革，其中首先进行的就是养老保险制度改革和税制改革。

尽管普京的改革取得了一些成就，但叶利钦时代遗留下来的一些深层次问题尚未得到解决，从整体上看，俄罗斯在转型期间社会保障制度的改革严重滞后，问题不少。影响俄罗斯社会保障制度改革的两个变数：70多年计划体制传统的巨大影响，以及现实政治中各利益集团的力量对比。

（三）俄罗斯社会保障制度改革带来的积极及消极影响

虽然俄罗斯经历了政治和经济转轨的剧烈震荡和巨大阵痛，但社会却保持了相对的稳定，究其原因，应该说，原有的社会保障体系功不可没。正如美国学者理查德·莱亚德和《经济学家》的记者约翰·帕克所认为，"共产党的俄罗斯建立了很发达的社会保障体制，它在生活普遍动荡的过渡时期运行得相当好，尽管它并不完善，但并没有瘫痪失灵"。[①]

1. 俄罗斯社会保障制度改革带来的积极影响

第一，中小企业在创造就业、提供福利保障等方面，部分承担起了国家责任。俄罗斯自1992年以来的经济改革使社会保障制度发生了很大变化，为减轻向市场经济过渡造成的社会后果，养老基金、社会保险基金、居民就业基金、医疗保险基金纷纷建立。根据相关法律的规定，这些基金由国家、单位和个人共同承担。因此，私有化达到96%的中小企业在其中发挥着巨大的作用。而且，随着医疗保险、公共设施服务等领域法律的不断完善，中小企业在这些责任的分摊中，比重还将越来越大。据统计，占俄罗斯全

---

① 〔美〕理查德·莱亚德、约翰·帕克：《俄罗斯重振雄风》，白洁等译，中央编译出版社，1997，第130页。

国企业总数 1/5 的中小企业，提供了全国税收的 1/2。莫斯科能以全俄人口的 1/16，提供全国零售额的 1/5，税收的 1/6，这和中小企业的发达不无关系。同时，转轨也造成了失业人口激增，1992年失业总人数为 840 万，占有劳动能力人口的 10%。[①] 为此，政府不断鼓励小企业雇用失业人员，分担社会压力。而根据俄罗斯国家统计委员会 2003 年 4 月的统计结果，全国 88.62 万小企业提供了784.4 万人的就业岗位。

第二，俄罗斯年青一代更崇尚独立、自由和对命运的自我掌控，对遗留下来的苏联式的道德和行为准则以及集体观念不屑一顾，个人创业、勤奋努力、追求机会的平等而不是平均主义……这些都有利于俄罗斯社会不断走向新的发展方向。

第三，俄罗斯人的收入虽不高，但他们的生活开销相比西方发达国家明显偏低。例如，大多数人在私有化期间，无偿获得了住房，因此没有偿还住房贷款的负担，即使租房，租金也十分便宜。同时，他们仍享受着价格低廉的公共设施服务和交通服务。这使得生活开销相对较小。再者，俄罗斯经济转轨过程中出现的一个重要社会现象是，隐性收入在居民收入中的比重越来越大，俄罗斯人通过租赁、外汇、兼职以及从事影子经济[②]获得额外收入，尤其是通过不向政府申报和纳税的非法投机经营活动中获得的影子收入。影子经济早在苏联时期就已经存在，在当时其资本周转额就占了社会总产值的 10% 左右。转轨以来，影子经济愈加膨胀，渗透进了生活中的各个领域，在居民的收入中占到了 25% ~30% 的比重。据俄罗

---

① 李景阳：《基本经济制度转变中的社会冲突——对俄罗斯的实证分析》，东方出版社，2002，第 101 页。

② 在俄罗斯的文献中，影子经济被理解为官方未计算的和未纳入国内生产总值的经济活动的总和。在俄罗斯的报刊中，一些作者也往往把灰色经济的概念等同于影子经济的概念来使用。

斯国家统计委员会副主席 B. 索罗金透露，影子劳动报酬在国内生产总值中的比重，1995 年为 9%，1997 年为 11%[①]。

还需要指出的是，在俄罗斯，根据规定，农村居民可以种植 0.2～0.3 公顷的宅旁园地（自留地）。城市居民可以在市郊获得数量相当的别墅园地。为了弥补收入的不足，越来越多的居民申请别墅园地，大多数居民家庭在宅旁园地和别墅园地种植水果和蔬菜。

第四，保守现实的俄罗斯人对生活的期望不高，他们习惯于对现状的默认和忍耐，自己设法求生存，而不是选择示威游行和抗议集会。据俄罗斯社会调查，1999 年初，60% 的俄罗斯人已经不指望来自国家的帮助，而更多地靠自力更生维持生计。

2. 对俄罗斯社会保障制度改革带来的消极影响

一是社会支付、优惠和补贴的分配不公。俄罗斯社会保障制度的改革是伴随着由计划经济向市场经济的转轨过程而进行的。在社会主义条件下，社会保障制度所提供的各种优惠、补助和补贴具有平均主义的性质和计划分配社会福利的色彩。然而，在向市场经济的转轨过程中，这种平均分配社会福利的制度却没有随着社会结构、经济结构的多样性以及不同居民群体收入差距的拉大而发生相应的变化。结果是，贫穷的居民阶层得不到应有的社会救助，而富有的居民阶层，即不应当享受社会救助的居民阶层，却继续参与获得数额已经不足以分配的社会保障基金。据当时国际劳工组织的专家估计，在发达国家和一些中东欧国家社会划拨的资金有 50% 用于生活贫困的家庭，而在俄罗斯，生活在贫困线以下的家庭在国家社会划拨的资金中所拿到的份额只有 19%。叶利钦时期，64% 的生活在贫困线以下的家庭没有领取到儿童补贴，而这项补贴可能构成其

---

① 〔俄〕《经济与生活》，1997 年第 15 期，第 2 页。

家庭收入的 20% ～50%，而同时，占总额 60% 的儿童补贴却发给了生活富裕的家庭。这些补贴仅仅占其家庭收入的 1% ～3%。如果把不需要儿童补贴的家庭所获得的儿童补贴收回来，那么所有需要补贴的家庭都能够按月足额地领取儿童补贴。其他的社会支付和补贴的发放也存在着类似的情况。比如，在发放的失业救济金中，这项资金的 40% 以上发给了富有的家庭，而社会上 10% 最贫困家庭的失业者所领取的失业救济金却只占总额的 1%。再如临时丧失劳动能力的补贴，65% 发给了富有的家庭，而最贫困家庭只获得了 11%。药品的补贴也是这样。最富有家庭份额约占补贴总额的 75%，而最贫困家庭份额只占 25%。[①] 至于怀孕、生育补贴，医疗疗养补贴，残疾人和老人的交通补贴等也都存在着该发的发不够、不该发的却照样发给的不合理现象。

二是资金匮乏，拖欠严重。在经济状况十分险恶的环境中艰难维持的社会保障制度，遇到的最大困难便是资金匮乏，因此，拖欠养老金以及各种补助金的现象十分严重。据俄罗斯报刊透露，到 1998 年 10 月初，俄罗斯国家拖欠工资、优抚金（主要是养老金）和军饷的总额高达 1200 亿卢布。其中，拖欠的优抚金（主要是养老金）债务就有 300 亿卢布。[②] 越来越多的养老金、残疾金领取者，生活困难的家庭被抛入社会最贫困的底层。据俄罗斯官方统计数字，1998 年俄罗斯全国货币收入低于最低生活费标准（贫困线）的居民人数达到 3480 万人，约占人口总数的 24%。这些贫困人口几乎都是退休老人、残疾人、多子女家庭和失去赡养者的公民。由

---

① 〔俄〕C 斯米尔诺夫等：《俄罗斯联邦的社会支付和优惠：各种不同收入阶层的分配》，《经济问题》1999 年第 2 期，第 86～87 页。

② 〔俄〕C 斯米尔诺夫等：《俄罗斯联邦的社会支付和优惠：各种不同收入阶层的分配》，《经济问题》1999 年第 2 期，第 86 页。

于缺乏资金保证，医疗部门和医疗机关陈旧的设备难以更新，免费医疗的质量和效率难以提高，许多保健机关得不到及时的修缮，全国保健的基本指标呈恶化的趋势。据俄罗斯官方统计资料，1992～1998年医疗机关（年底数）由 1.26 万家减少到 1.11 万家，6 年减少了 1500 家；医院的病床由 193.95 万张减少到 171.65 万张，减少了 22.3 万张；每万名居民平均的病床数由 130.8 张减少到 117.8 张。① 居民的健康状况恶化，患病率提高。据官方统计资料，1992～1998 年，全国登记诊断患病的人数由 9129.7 万人次上升到 9771.1 万人次，因疾病死亡的人数呈上升的趋势。1991～1998 年，全国居民的期望寿命平均减少了 1.99 岁，由 69.01 岁减少到 67.02 岁。② 居民健康水平和平均寿命的下降以及人口缩减的趋势加大了俄罗斯社会保障的负担。

　　三是灰色经济之风严重，既减少了国家税收，同时也很难精确计算每一个家庭的实际收入，一些不该享受救济的人反而能享受到救济，而真正急需救济的人却无法得到救济。在俄罗斯，实际上存在着与官方经济并驾齐驱的、规模相当可观的"隐蔽性经济"。对灰色经济的规模，俄罗斯官方的统计很不一样。俄罗斯不少经济学家认为，灰色经济在国内生产总值的比重占 40% 左右的说法大体是符合实际的。在灰色经济中，偷税漏税占重要地位。

　　总之，社会政策的制定与国家的制度、历史文化、风俗以及生产方法等都是密切相关的。随着政治与经济体制的变迁，苏联大包大揽式的社会福利政策难以为继，从养老金、医疗保险一直到老年人的交通补贴、免费住宅等，这一切都不得不转入新的社

---

① 俄罗斯国家统计委员会：《1999 年俄罗斯统计年鉴》，2000，第 220 页。
② 俄罗斯国家统计委员会：《1999 年俄罗斯统计年鉴》，2000，第 97、99 页。

会—市场统筹解决途径。社会保障制度的改革成为当前影响政治稳定、并且从长时期看也是俄罗斯社会能否持续发展的一个重要方面。

四　转型期俄罗斯养老保障制度改革的原因分析

在社会保障整体改革的大背景之下，我们有必要单独分析养老保障制度的改革。

苏联的养老保障模式属于典型的国家保险型养老保障，其主要有如下四个特点[①]。

第一，养老保障制度是由生产资料公有制作保证，并且是同高度集中的计划经济相适应的。

第二，养老保险受按劳分配原则的影响，与工龄直接挂钩。

第三，养老保险的资金来源于政府和企业两个方面，劳动者个人不负担任何保险费用。

第四，养老保险只有基本养老金一个层次，且不进行定期调整。

尽管这套制度在维持社会稳定、满足劳动者基本生活需要、提高国民素质和健康文化水平方面发挥了相当重要的作用，但随着计划经济的弊端日益明显，经济增长速度放慢，以及人口老龄化和退休人员数量的增多，国家的财政负担不断加重，原有的社会保障体制已难以维持正常运转，亟须改革，原因如下。

一是市场化大潮要求对原有社会保障体制进行改革。对原苏联的社会保障制度进行市场化改革是俄罗斯市场经济体制转轨的重要内容。苏联解体后，以盖达尔为首的俄罗斯政府开始实施西方顾问

[①]　阎坤：《国际养老保障模式及其对我国的启示》，《财政研究》1998 年第 7 期。

指导下形成的"休克疗法"改革方案，作为经济体制改革的组成部分，社会保障体制改革是保证改革进程中宏观经济稳定的重要条件。由于当时俄罗斯选择的是自由市场经济模式，而这种模式强调的是居民社会保障市场化。因此，俄罗斯的社会保障体制改革在模式上发生了根本性的变化，即从原来的以现收现付为财务机制的受益基准制向以交款基准制作为财务机制的基金积累制转变。如果说原来的社会保障模式强调社会保障的"再分配"功能、重视公平忽视效率的话，新模式则弱化了社会保障的"再分配"功能，在重视效率的同时兼顾公平。

俄罗斯在经历经济转型期间，由于休克疗法的实施给经济发展带来了一系列严重后果，致使许多企业不得不把"立足"和"生存"作为首要任务，必然的，企业更关注经济效益，而不是社会公平，社会保障也被迫退到了第二位。

二是俄罗斯在经济转轨过程中出现了严重的人口危机和经济危机。养老金问题与养老保险制度改革问题历来是俄罗斯经济、社会改革的重点和难点，同时是俄政府多年来一直花大力气想加以解决的问题。这与俄自身特殊的社会历史原因与现实的社会因素有关。经济转轨后的俄罗斯曾长期采用现收现付的养老保险制度，该制度的正常运行要求有合理的人口结构和稳定的经济状况。由于俄罗斯在经济转轨过程中出现了严重的人口危机和经济危机，导致现收现付制度的运行难以为继。这迫使俄罗斯政府对现收现付养老保险制度进行改革，以建立起一种适应本国国情的养老保险制度。

现收现付制最大的缺陷在于，第一，面对不断增加的人口老龄化压力，日益庞大的老年人口的赡养使国家（实为在职职工）压力加剧，但又没有专门积累的储备资金，所以很容易出现支付危机。

第二，现收现付制的"代际转移支付"特性割断了养老金缴费和给付之间的联系，即缴纳养老保险费和享受养老金的主体分属两代，这样势必会弱化企业缴费的动机，降低筹资率。它是以支定收，缺乏稳固的资金储备，无法为失去劳动能力的老年人提供生活保险并发挥安全网和减震器的作用。该制度在苏联解体后，其缺陷和不足日渐明显。第三，由于 20 世纪 90 年代俄罗斯实行市场经济改革，社会所有制结构发生了巨大变化，再加上当时俄罗斯人口出现严重的老龄化趋势，同时经济陷于不断出现的危机之中，苏联时期实行的现收现付的养老保险制度已失去了正常运行的基础。

三是出现多种社会问题，社会安全网已不能支撑越来越多的贫困人口。1992 年俄罗斯休克疗法的激进改革使得工人大量失业、工资欠发，同时物价上涨，通货膨胀严重。面对经济急剧下降、生活条件恶化的现状，煤矿、医疗、教育等受政府基金控制的部门同时爆发了大规模的示威游行和罢工。俄罗斯的社会局势每况愈下，在 2004 年，俄罗斯劳动者工资比重低于最低生活费，而最低生活费要比工资高 40 个百分点。劳动收入份额占到国民生产总值的 10% ~ 28%，当年俄罗斯 25 名亿万富翁的总收入将近 800 亿美元，是整个俄罗斯国民生产总值的 20%，这和俄罗斯所有劳动者劳动收入总额基本持平。

基尼系数是常用的衡量实际收入分配平等程度的工具，据联合国开发计划署统计，1987 ~ 1988 年俄罗斯的基尼系数为 0.24，而休克疗法之后的 1993 ~ 1994 年为 0.48。[①] 在俄罗斯，腐败、走私和分赃式的私有化及有组织犯罪形成了一批暴富的人，而经济衰退、

---

① 〔波〕科勒德克等：《从休克到治疗：后社会主义转轨的政治经济》，刘小勇等译，上海远东出版社，2000，第 238 页。

失业和拖欠工资及养老金使贫穷不断扩大。

据俄罗斯专家委员会评估，1997 年俄罗斯的富人（月收入不少于 5000 美元）约 250 万，连家属约 700 万，1.5% 的富人支配 65% 的国民财富，10% 收入最高的人与 10% 收入最低的人之间的差距为 14 倍。1987～1988 年收入低于 120 美元的人口占 2%，1993～1994 年上升到 45%。据俄罗斯国家统计委员会统计，1999 年最富有者的收入占居民收入总额的 33.3%，而最贫穷者的收入仅占 2.4%①。俄罗斯家庭食物在总开支中的比重即恩格尔系数 1992 年为 34.1%，1995 年为 49%，1998 年为 51.3%，1999 年达到 53.7%。② 贫富之间的巨大差距已成为俄罗斯政府面临的最尖锐的社会问题。

这样，固有的养老制度无法适应社会政治经济的转型，改革势在必行。俄罗斯养老保险制度改革的主要目的是摆脱以前完全依赖国家的福利模式，建立一种适应俄罗斯国情的、以私有制和市场为基础的养老保险制度。

五　俄罗斯养老保障制度改革

（一）俄罗斯养老保障制度改革的三个阶段

1. 第一阶段：以市场化作为改革方向

原苏联实施的养老保险模式属于典型的国家保险型养老保险，资金支出全部由政府和企业承担，个人不需缴纳保险费；只有基本养老金一个层次，而且养老金的发放并不根据物价和经济发展的变化情况进行定期调整。

---

① 世界银行：《2000～2001 年世界发展报告》，中国财政经济出版社，2001，第 287 页。
② 《经济与生活》，〔俄〕《俄罗斯杂志》2000 年第 12 期。

俄罗斯政府为了适应经济发展的需要，在 1990 年 11 月通过了《养老金法案》，确立了国家社会保障的基本原则，建立了与市场经济相适应的养老保障制度。1991 年 12 月，俄罗斯政府又通过了《俄罗斯联邦社会主义共和国国家退休基金法》，建立了独立于国家预算的养老基金。它的颁布和实施标志着社会保障事业登上了新的台阶。这种变化归纳为以下三点。（1）建立了独立于劳动性质和其他社会公益活动性质的统一的退休金保障体系，它包括所有依据劳动合同工作的人员、集体农庄和其他合作组织成员、私人企业家和一切应该享有国家社会保险的公民。（2）建立俄罗斯联邦退休金会（该会是全面管理退休人员退休金的组织）。（3）调整退休金金额，消灭平均主义。

归纳起来，这一阶段俄罗斯的养老保险制度改革受到制度上的缺陷和改革环境不稳定的双重阻碍，步履维艰，改革的成效不甚明显。[①] 从实质上看，这种改革方案是把国家包揽式的现收现付制变为多方共同负担的现收现付制，但其基本形式仍然是现收现付制。

2. 第二阶段：建立"三支柱"养老保险制度

1995 年俄政府同意采纳世界银行的"三支柱"养老保险制度改革思路，并着手制定新版本的养老保险制度。1997 年俄公布了调整后的"三支柱"养老保险制度思路，可以说这是俄养老保险制度改革的一个重要分界线。但是由于 1998 年金融危机的爆发，这种"三支柱"养老保险制度没有发挥出应有的功能，也无法得到很好的落实。

在叶利钦执政时期（1991~1999 年），俄养老保险制度改革成

---

① 邓晖：《从苏联到俄罗斯：养老金制度改革之译述》，《世界经济情况》2005 年第 24 期。

效不大的一个很重要原因就是，缺乏相应的社会、经济、政治制度改革的配合，建立在现收现付制基础上的养老保险制度也就迟迟无法进行根本的变革。

3. 第三阶段：建立新税制，进一步完善

普京总统上任后，俄政府开始启动一系列改革，其中首先进行的就是养老保险制度改革和税制改革。

2001年初国际石油价格大涨，俄罗斯从中获益丰厚。普京政府用石油出口换回巨额收入用于清理长期积欠的工资和养老金，并大幅提高了工资和养老金水平。同时普京政府还出台了一系列刺激内需的政策，使增加了的工资和养老金可以通过更通畅的渠道流入物质生产部门，促进经济增长。

2001年底，俄开始落实"三支柱"养老保险新制度。政府连续出台了四项改革养老保险制度的联邦法案，分别是《俄罗斯联邦国家养老保险法》（第166号）、《俄罗斯联邦强制养老保险法》（第167号）、《俄罗斯联邦劳动保险法》（第173号）和《俄罗斯联邦税法及关于税收和保险缴纳金规定的增补与修正》（第198号）。这次推行的"三支柱"制度对1997年的构想进行了较大的改进与完善，如放弃采用建立在现收现付制基础上的名义规定缴费，养老保险则由缴费形式变为按统一社会税的形式缴纳等。统一社会税把原来的3种国家预算外基金，即养老基金、社会保险基金、强制医疗保险基金的保险费合并到一起。目前，统一社会税按工资总额的35.6%征收，其中28%用于养老基金，4%用于社会保险基金，3.6%用于强制医疗保险基金。其中，用于养老基金部分的50%要作为养老金基础部分的保险费交入联邦财政部门，并通过联邦财政预算的方式予以发放，另外一半作为养老金保险和积累部分的保险费。这些都标志着俄对现收现付的养老保险制度进行了根本性的变革。可以说，俄罗斯强制性养老保险的现收现付成分类似中国统账结合制度的社会统筹部分，积累成分则对应个人账户部分。

第二节　俄罗斯转轨中的经济和社会问题与养老制度改革

俄罗斯的养老金改革是普京上台以后大刀阔斧改革的重点。叶利钦政府时期为了保证金融寡头的利息收入不惜拖欠工人的工资和养老金，时任俄罗斯总理的普里马科夫在 1999 年 3 月说，"人民不能靠每月 234 卢布（9.75 美元）的（最低）养老金来生活"。普京执政后积极打击金融寡头，2000～2002 年三年间将多年积欠的工资和养老金全部补发到位，同时大幅提高养老金。2004 年的一项民意调查显示，俄罗斯民众把普京总统在解决拖欠工资和养老金问题上的有效做法评为其任期内"最伟大的成就"。养老问题的解决是一个社会稳定与发展的重要基石之一，深入剖析俄罗斯养老金制度的变迁并就未来改革方向做出探索是非常有意义的。

一　苏联时期的养老保障制度

苏维埃政权在建立之初即 1917 年 11 月就发出通告，规定国家为劳动者和为国家做出贡献的战争残疾者提供养老基金和残废抚恤费。1956 年实施的《苏联退休法》规定，从企业的税金中建立退休养老基金，由国家对养老金负责，但此时养老金政策只在国有企业和国家机关的工作人员中实行。1965 年苏联通过了《集体农庄庄员养老金和补助费法》，将享受养老金的范围扩大到集体农庄庄员。20 世纪 70 年代后，苏联在 1977 年颁布了经补充后的新宪法，进一步健全了工人、职员和集体农庄庄员的社会保障制度，包括国家和集体农庄向年老、残废和失去供养依靠的人提供赡养金，为他们提供全部或部分免费的疗养券和休养券。

这种由国家包揽一切的社会保障制度，是同高度集权的中央计划经济体制相匹配的。尽管这套制度在维持社会稳定、满足劳动人民基本需要、提高国民的文化素质和健康水平方面发挥了相当重要的作用，但随着计划经济的弊端日益明显、经济增长速度放慢，以及人口的老龄化和退休人员数量的增多，国家的财政负担不断加重，原有社会保障体制已难以维持正常运转。1985年戈尔巴乔夫上台后开始推进各方面的改革，1987年苏联部长会议和全苏工会中央理事会颁布《关于实行工人、职员和集体农庄庄员附加退休金自愿保险的决议》，规定采取个人和国家共同集资的办法设立保险基金，保险基金一半来自个人缴纳的保险费，一半来自国家预算，在职人员自愿投保，按月缴纳保险费，退休后每月可领取10、20、30、40、50卢布不等的附加退休金。

这些改革的目的是减轻国家日趋沉重的财政负担，也是苏联试图改革已有社会保障制度的尝试，但在旧的计划经济体制下，职工的一切都依附于国家和企业，要打破由国家统揽一切的社会保障机制并非易事。这种改革尝试未能取得实际效果。苏联解体后，伴随着向市场经济过渡而来的是前所未有的经济衰退和预算紧缩。在这种情况下，原先的社会福利制度已不再适应新的政治经济形势，俄罗斯不得不对旧体制进行大的改动，以适应新形势的需要。

二　俄罗斯经济转轨中出现的经济和社会问题

（一）俄罗斯私有化改革带来社会保障体系的失灵

社会保障体系的失灵是俄罗斯进行艰难的经济转轨所产生的最

明显也最不幸的结果。

俄罗斯"私有化"最基本的经济背景是 1991 年 12 月苏联解体后，俄罗斯全面推行市场经济的发展道路，而其直接的经济背景是国有企业效益下降，国家用于商品和企业的财政补贴上升，到了极其严重的地步。企业管理者利用手中与日俱增的权力中饱私囊。广泛的灰色经济为投机行为提供了巨大的可能。除此之外，控制腐败的力量没有形成，企业职员也无法控制管理者的不良行为。俄罗斯的企业为其职员提供医疗、住房、娱乐设施和学校。因此，员工不但需要依靠管理者保住饭碗，还需要依靠管理者以非常低廉的价格获得以上的服务。

苏联解体后，俄罗斯采用了"体克疗法"和激进的私有化措施。国家在私有化过程中把大部分企业转让给能以企业普通股账面价值 1.7 倍的价格购买企业 51% 股份的管理者和职员，这样，外来的投资者就不能获得控股权。政府失去了税基，但却必须继续对公司和社会资产进行补贴。在 1992 年，这些补贴高达 550 亿美元，接着在 1993 年降到 200 亿美元。然而随着补贴的下降，税款拖欠更严重了。

政府失去了税基，同时新建企业逃税和拖欠税款的现象非常严重，这使得社会保障的资金来源几近枯竭。此外，剧烈的通货膨胀使养老金的购买力大幅缩水。据统计，转轨后的俄罗斯名义月平均养老金和月平均最低生活费相差无几。

税款拖欠是预算约束变软的最重要的方式之一，但对养老金领取者产生了不良后果。国家税收不力并且对逃税漏税熟视无睹导致了财政危机，而政府为应付财政危机不得不放弃其转移支付职能。斯蒂格利兹在巴黎（1999 年）做的题为"转轨中失灵的公司治理结构"的演讲中指出，不进行社会支付（如养老金）不仅是撕毁暗含的社会契约，而且还摧毁了对经济发展起关键作用的社会资本。这一点在政府明显地将大量财富转移到少数人手中的时候尤为严重。

其实，俄罗斯早在1990年就制定了《国家养老金法案》，规定社会保险同国家预算相脱钩，由俄罗斯联邦预算外自治养老基金（PFR）进行管理，且不得挪作他用。但是由于过分依赖政府财政补贴，同时侵占、挪用现象很严重，导致养老金的给付水平很低。1990年俄出台了新的退休金法律，其立法主要还是根据五六十年代两个法律的原则，但有了一些改进，其资金来源为全国统一拨付的社会保障基金，领取人士范围也有扩大，还引进了一些新的措施。但该法公布不久即出现了全国性的大变革，1992年1月1日开始价格自由化，一年内价格指数增长了22.6倍，公民收入也出现了巨大差距。苏联时期个人的工资基金和退休基金差距不超过40%，全国范围内工资差距不超过1∶5，变革后的90年代初，这一差距已达1∶20。1990年出台的退休金法律已失去意义，退休金变成了数额划一的救济金，与个人的工龄、资历、水平无任何关系。20世纪90年代，俄全国经济连年衰退，很多企业长期不交税款，各种基金徒有其名，使原本捉襟见肘的退休基金出现了危机，1998年的金融危机使得情况更为恶化，退休人员连十分微薄的退休金也领不到手。后经政府采取措施，到1999年9月，长期拖欠退休金的问题才基本解决。这使主管部门意识到对这一问题要通盘考虑，因为危机不会只是一次性的，它有其周期性。

1991年12月27日，俄政府颁布《退休养老基金法》，建立了独立于国家预算的退休养老基金，实行国家、企业、个人三方分担的筹集方式，改变了过去单纯依靠国家预算拨款的局面。该法规定：男性从60岁、女性从55岁开始享受养老金待遇；企业雇主按工资总额的31.6%缴纳费用，工人和公司职员按本人工资的5%缴纳。后政府又对该法做了修订，如延长养老金收入基数的计算期限，提高养老金最低标准等。

俄罗斯在1992～1994年大规模私有过程化中曾以"代金券"的形式向职工分配国有资产，希望以此来补偿"老人"的养老金，但由于权钱交易、暗箱操作，职工拿到手的"代金券"很少，同时有很多"代金券"以极低的价格转让出去。

俄罗斯也曾考虑过学习智利的模式，即实行个人养老金账户和养老基金的私营化管理，但是当时俄罗斯的市场机制还比较薄弱，私人管理养老基金也没有相应的监管制度作为保证，这种激进的方案遭到了国内和国际组织（如世界银行）的反对。由于资金匮乏，俄罗斯必须获得国际金融机构的援助才能进行改革，所以俄罗斯答应世界银行，考虑采取比较温和的改革方案。

俄罗斯养老保障制度改革的第二阶段从1995年开始，其核心是建立"三支柱"养老保险制度。俄政府同意采纳世界银行的"三支柱"养老保险制度改革思路，并着手制定新版本的养老保险制度。1997年俄公布了调整后的"三支柱"养老保险制度思路，这被很多学者认为是俄罗斯养老保障制度改革的分水岭。其主要内容包括以下几点第一支柱——社会养老保险。仅提供给无力缴纳养老保险费的特困人群，其资金由政府财政提供。第二支柱——强制养老保险。它是养老保险体系中的核心组成部分。国家为所有退休人员建立个人账户，提供养老保险，其资金来源于受保者的缴费以及基金的收益。第三支柱——补充养老保险。它是私人管理的退休计划，所有人员都可以自愿参加，第三支柱采用基金制的运营方式，可以使职工在得到基本生活保险之外，还可根据个人意愿来购买补充养老保险，以便灵活调整退休后的生活。为了进一步鼓励补充养老保险的发展，俄政府先后采取了一些减免税收的措施，并且还允许私人基金进入养老保险行业，以解决原先公有养老储蓄基金运作效率和收益低下的问题。

由于 1998 年金融危机的爆发以及之后持续的经济低迷，"三支柱"养老保险制度并没有发挥其应有的功能，也无法得到很好的落实。

（二）俄罗斯的人口危机

俄罗斯的人口危机主要包括平均寿命下降、出生和死亡比值（出生率/死亡率）降低、劳动者早死率过高及早死年龄结构的偏轻化几个方面。俄罗斯的人口危机对养老保险制度产生了多方面的消极影响。

第一，经济转轨前俄罗斯的人均寿命长期高于世界平均水平，但转轨后低于世界平均水平。20 世纪 90 年代以来俄罗斯男性的平均寿命只有 60 岁左右，现行养老金制度规定男性领取养老金的起始年龄是 60 岁，这说明俄罗斯男性缴纳的养老保险费与他们所能享受到的养老金严重失衡，这会严重降低俄罗斯男性的缴费欲望。俄罗斯女性的平均寿命曾长期保持在 73.5 岁左右，而女性过早领取养老金及其相对较长的寿命在客观上也加重了当期劳动者的缴费负担。

第二，据人口专家的调查，近几年来俄罗斯每年失去约 100 万人口，一方面是出生率很低，另一方面是酗酒、吸毒、生活压力等导致壮年劳动力的死亡率猛增。这样一来，俄罗斯养老金的筹集注定难以长期维持。

造成俄罗斯人口下降的主要原因是低出生率和高死亡率。自 20 世纪初以来，俄罗斯妇女的总生育率不断下降，1901～1905 年为 7.12，1951～1955 年降为 2.86，1981～1985 年再降为 2.02，1996～2000 年则只有 1.23，百年间下降了 82.72%，已经明显低于世代更替水平。20 世纪七八十年代，俄罗斯人口出生率基本保持在 14‰～17‰，同期死亡率大致在 8‰～12‰，人口总量缓慢增长。进入 90 年代，出生率进一步下降，从 13.4‰ 递减到

8.3‰，而死亡率却由 11.2‰ 递增到 14.7‰，最高时达到了 15.7‰，最终不可避免地形成了人口赤字。最近几年，俄人口出生率略微上升，但死亡率上升得更快，人口再生产能力仍然明显低于世代更替水平。

由于持续的低出生率，俄罗斯人口结构呈现突出的"倒金字塔"形，少年儿童数量越来越少，劳动力储备日益枯竭。1970～2005年，俄少年儿童占总人口的比重已由29%减少到17%。儿童数量的减少使老龄人口比重大幅上升。按照国际惯例，当一个国家60岁以上的老年人口占到总人口的10%，或者65岁以上的老年人口达到总人口的7%，就意味着这个国家开始进入老龄社会。俄罗斯60岁以上人口已占总人口的17.33%，65岁以上人口占总人口的13.72%。因此，俄罗斯已经是名副其实的老龄化国家。

俄罗斯的老年抚养比总体上高达34%～36%。同期世界上老龄化趋势比较严重的国家其老年抚养比分别为：日本17.2%～24.2%，英国24.1%～24.3%，德国21.7%～23.7%，法国21.3%～24.8%。从国际比较来看，俄的老年抚养比处于极高的水平，这表明俄人口的老龄化程度已经非常严重。

第三，劳动者早死率过高和早死年龄结构的偏轻化造成当期缴费人口的减少。对俄罗斯的人口状况来说，更为严重的问题是劳动者早死率过高和早死年龄结构的偏轻化。所谓早死率是指各年龄段现实死亡率与理论死亡率的差值。据俄罗斯国家统计委员会统计，1992～2000年的9年间，男性的早死人数为199万人，早死率为20%（最高早死率为1994年的31%）。其中15～59岁年龄段人口的早死数为139万人，60岁以上有资格领取养老金的老年人口的早死数为60万人，从早死人数上分析，劳动年龄人口的早死数是老年人口早死数的2倍以上。如果说出生和死亡比值的降低意味着潜在养老保险缴费人口的减少，那么劳动者早死率过高和早死年龄结构的偏轻化就意味着当期缴费人口的减少，它不仅造成了当期劳动者缴费负担加重而且也导致养老金总额的下降，从而不利于老年人口生活水平的维护与提高。

第四，很多西方国家都允许临时性或永久性的外来移民进入本国以缓解劳动力的缺失，也可以起到促进税收的作用。但也许是由于历史上受到外族入侵带来的心理障碍，以及长期形成的"疆土意识"与排外传统，俄罗斯拒绝把吸引外来移民作为解决问题的办法。

第五，俄罗斯若想采用延长退休年龄也有严重的瓶颈，因为平均寿命（特别是男性）已经很低了。虽然普遍的观点认为提高退休年龄对解决退休金赤字存在必要性，但俄罗斯总统普京在 2007 年国情咨文中明确表明立场——非常明确，客观上未来在俄罗斯提高退休年龄不存在必要性，因为这不能从根本上解决退休保障问题。

三　普京政府的养老保险制度改革

经济转轨过程中经济发展的不稳定性，以及制度设置自身存在的冲突（如新旧制度同时运行）和来自外部的意见和压力，也深刻地影响着政府的政策抉择。而日益严重的人口及老龄化危机则是迫使俄罗斯政府继续进行养老制度改革的另一个重要原因。

2000 年俄罗斯总统大选前，俄罗斯国内的政治经济形势用一个字来形容就是"乱"：苏联解体后的十年动荡中经济总量严重缩水，政治危机频频发生，激进的私有化只造就了极少数暴富的寡头，老百姓的处境每况愈下，本来已经很微薄的工资和养老金还被严重拖欠。

普京总统上台执政以来，非常重视社会保障制度建设问题，并从国家与社会发展战略的角度出发来考虑社会的养老问题。在 2000～2002 年的 3 年间，俄罗斯政府将多年积欠的工资和养老金全部补发到位，同时大幅提高养老金水平。根据俄政府总理米哈伊尔·弗拉德科夫在 2006 年 7 月 31 日签署的法令，从 2006 年 8 月 1 日起俄养老金中的保险部分提高 6.2%。法令规定，在价格上涨的情况下，养老金中保险部分的指数每半年（6 个月 1 次）至少增长 6%。这样，养老金的联邦法律标准得到了执行。从 2006 年 4 月 1 日起国家将养老金中的基本部分和保险部分分别相应提高了 8.5% 和 6.3%。俄 81% 退休人员的养老金平均增长了 201 卢布，达到近 3000 卢布。2002～2006 年，俄罗斯的养老金名义上涨了 2.4 倍，实际上涨了 1.4 倍。

2008 年普京当选俄罗斯总理，2008 年俄罗斯退休基金收入与 2007 年相比增长了 40.2%，达到 27.3 亿卢布，全年总计支出 23.6 亿卢布。2009 年预计收入 33 亿卢布，预计支出 30 亿卢布。目前，俄罗斯退休人员养老金由基本养老金、养老保险金和养老储蓄金三部分组成。

表 6-1 是 2009 年 3 月 1 日统计的俄罗斯退休人员数量及平均退休金数额。

表 6-1　俄退休人员数量及退休金发放统计

退休人员种类	退休人员数量（千人）截至 2009 年 3 月 1 日	平均退休金数额（卢布）截至 2009 年 3 月 1 日
退休人员总数	38650	4741
领取劳动退休金人数	35758	4842
其中包括		
年老退休者	30236	5104
残疾退休者	3839	3657
由于失去供养人的人群	1683	2841
国家退休保障给予的退休金	2892	3483
其中包括		
支付给军人和其家庭的	64	4552
社会退休金	2516	3260

退休人员种类	退休人员数量(千人) 截至 2009 年 3 月 1 日	平均退休金数额(卢布) 截至 2009 年 3 月 1 日
参考		
由于战争创伤造成的残疾者获得两份退休金	149	12257
二战参与者获得两份退休金	344	12141
二战中的战争寡妇获得两份退休金	37	9341
战争中牺牲军人的父母获得两份退休金	42	8566

资料来源：俄罗斯国家退休基金网站，2009。

从 2009 年 3 月 1 日起，基本养老金增加了 8.7%，到 2009 年 12 月 1 日，同比还会再增加 31.4%，至此，基本养老金数额将达到 2562 卢布。除此以外，从 2009 年 4 月 1 日开始，养老保险金增长了 17.5%，到 8 月 1 日同比还会增长 7.5%。

"我们计划在社会领域提高社会补助金，退休金——一切都将实现，"时任俄罗斯政府总理的普京说。当他回答民众提出的关于金融危机及对俄罗斯人未来生活的改变问题时，时任政府总理提出"我们将使一切提高社会补助的计划得以实现"。

近期俄罗斯保持了养老金的扩张政策，联邦预算规定，2014 年养老金的调整指数为 8.1%，但是，2014 年 1 月俄罗斯进行了两次指数化调整，其增幅累计已达 9%。[1] 根据 2013 年的联邦预算，2015 年的调整指数将为 7.1%，2016 年将为 6.6%，到 2016 年月均

---

[1] http://ria.ru/economy/20130704/947628514.html.

养老金将达到 13200 卢布,① 相当于最低养老金的 1.9 倍。② 俄政府的改革目标是替代率将提高至 40%。③

四　值得我国借鉴的经验

随着经济的好转,俄罗斯政府开始偿还前几年拖欠的大量退休金,同时着手进行养老金制度改革,其基本思路是从完全由国家拨款的退休金分配制逐渐过渡到退休金个人储蓄制。即除了基本退休金外,个人在自愿的基础上,拿出一定比例的工资,存入退休储蓄基金账户,由管理公司来管理这一账户。这一改革措施一方面可减轻政府负担,另一方面使人们在退休后能够依靠退休金过上正常安稳的生活,其经验值得我们借鉴。

从 2002 年起,俄罗斯便有部分人的退休金是从公民的退休储蓄资金账户中提取,而此前一直全部由财政部划拨。这一做法是通过有资质的私营公司操作,将退休储蓄资金投资于有价证券,从而获得增值。这样不仅能保证退休者免受通货膨胀的影响,还能使其得到额外收入。当职工到退休年龄后,其退休金储蓄投资所得将作为每月对其退休金的额外补贴返还本人。

俄罗斯业内人士估计,把退休金委托给私营管理公司的公民人数还会增加,因为从长远看,其较高的收益率是明显的。2010 年,由私人管理公司管理的退休金储蓄额占到俄公民退休金储蓄总额的 10%。

俄罗斯实行退休金制度改革是依照国民自愿的原则。每年 12 月 31 日之前,临近退休的人员都可选择自己的退休金管理公司。

---

① 时价 1 美元约为 36 卢布 (2014 年 8 月 16 日汇率)。

② http：//www. rg. ru/2013/11/06/pensii – anons. html.

③ http：//pensionline. ru/? cat = 1&paged = 4.

最简单的办法是通过银行代理递交一个委托管理公司的声明，银行将把声明转交给"俄罗斯退休基金"备案。此外，任何退休者每年都可以做出加入或退出私营管理公司的选择。

奥列格在一家国有新闻单位工作。他告诉记者，其月收入约2万卢布，比普通国家机关工作人员略高。他根据自己的开支情况，每个月把工资的13%存入退休储蓄基金账户，数额约为2600卢布。照目前的情况看，再过20年等他退休后，每月可以从退休储蓄基金账户中领取5000卢布。奥列格说，如果希望退休后多领养老金，人们还可以从自己的工资中多扣存一点。奥列格半开玩笑地说，这个比例"上不封顶"，每个人都可以有不同的选择。以前俄罗斯拖欠养老金的事情时有发生，但自从普京上台后，俄政府不仅偿还了以前拖欠的养老金，还几次把养老金的数额提高，这让退休者们心里有了底。因此，政府推行的新养老金制度也受到了大多数人的拥护，如列格对新的养老金制度就很满意。

为了让居民有更多的选择，俄政府不仅有国有的退休储蓄基金管理公司，还允许私营基金管理公司经营居民的退休储蓄基金，但是对私营基金管理公司有着严格的准入制度。目前，俄只有55家私营基金管理公司被准许进入退休储蓄基金市场。目前俄罗斯私营公司管理的退休储蓄基金业务发展迅速，由于私人基金管理公司可以投资股票等有价证券，比较灵活，利率也较高，赢得了相当数量的客户。另外，俄政府相关机构也严密掌控这些基金的运作情况，以保证即使这些公司破产也不会使退休储蓄基金受到损失。

俄实行的这套退休金改革办法之所以效果显著，除了政策支持力度较强外，同时也得益于投资人的胆识和眼光，即管理人员的能力和素质。问题的关键在于如何保证退休金储蓄投资能赚到钱。而中国经济30多年来持续稳定地发展，具备了实行退休金储蓄制的条件。首先，应严格规范证券和股票市场，排除人为因素的干扰；其次，代理公司要取得必要的资质认证，授权受到监督，确保有内行专业人员参与专业化管理；最后，要制定倾斜性政策和抗拒风险的办法和制度，确保退休金储蓄不仅不会流失，而且始终有利可图。

第三节　俄罗斯养老制度改革的法律基础及成效

俄罗斯的养老保险的漫长历史要追溯到苏联时期。在 1936 年苏维埃社会主义共和国联盟宪法通过以后，养老保障为工人和职员所共有。实际上，苏维埃社会主义共和国联盟实施的养老保障体系是在社会保障和社会保险总体系框架内运作的。这个体系不仅规定发放各种类型的养老金和优抚金，还向劳动者固定提供各种形式的社会、医疗、疗养卫生服务，以及针对高龄老人和丧失劳动能力者的赡养和服务。尽管这一体系自身不可避免地存在各种缺陷，但它有一个重要的优点——绝对能够保障各类公民最起码的消费与生活水平。因此，这个养老体系从 1932 年开始直至 1990 年一直得到社会与民众的认可。

苏联的社会保障制度从融资方式来看，是一种现收现付制，它不是事先积累一笔养老基金，而是通过征税来支付养老费用。1990 年俄罗斯联邦最高委员会决议建立俄罗斯养老金储备，国家为养老金储备建立专用的支付金额——以劳动收入总额的 28% 作为"保险费"税率。以后这个费用被列入社会统一税的组成部分。俄罗斯的退休年龄，沿用苏联时期形成的按照工龄及规定的其他原则，即实行男 60 岁，女 55 岁的退休年龄。然而在新的条件下，原有制度存在以下问题。

第一，养老金储备收入增长非常缓慢，养老金价格指数赶不上通货膨胀。

第二，当时俄罗斯平均养老金和平均工资的比例（替代率）不超过33%，而同时期发达国家能达到60%～80%。

人口的老龄化、提前退休、税收过重、领取养老金过于宽松等因素导致依赖政府从社会保障制度中拨款生活的人越来越多。享受养老金的人与就业人口的比例1990年为44.9%，1993年为52.4%，1996年为57%。俄罗斯的人口状况成为国家的当务之急，人口老龄化及出生人口负增长的现实存在，使得为了保留原有养老保险制度，必须或者提高退休年龄的门槛，或者增加雇主在养老基金中的支付额度。然而这两个条件都不被公众所接受（见表6-2）。俄罗斯列瓦达社会调查研究中心针对养老保险体系改革所做一项调查中提及"您怎么认为，为了解决养老金支出问题逐渐提高退休年龄?"问题时，受访群众中只有12%表示同意，74%反对。在这种复杂的背景下，俄罗斯开始探索养老保险制度的渐进式改革。

表6-2　针对"您怎么认为，为了解决养老金支出问题
逐渐提高退休年龄"问题的回答

单位：%

完全同意	2	强烈反对	47
马上同意	10	难以回答	14
马上反对	27		

资料来源：俄罗斯列瓦达中心，2012。

原有的现收现付制度陷入了严重的危机之中，而全面引入智利的个人账户制度，又会产生严重的政治问题。俄罗斯的养老保险改革的方向是建立一个多渠道的退休保障体系，其中包括以定额缴款

为基础的现收现付制、雇员自愿参加的养老金计划及强制性的基金制。这种混合式体系，一方面，保障了已到退休年龄的人们获得养老金，另一方面，给年轻人提供了更多机会。

改革养老金制度，需要一整套相互照应和相互配合的方法。任何国家无法将改革养老保险制度与工资制度改革和税收制度改革相隔离，同时，改革首先需要有法律上的支撑。

一　俄罗斯进行养老金改革的法律基础

（一）调整俄罗斯联邦养老金的主要联邦法律规范

（1）1995 年《关于在俄罗斯联邦实施养老保障体系改革构想的措施》——确定养老保障体系改革的基本原则。

（2）1996 年《关于在国家养老保险体系中实行个人核算》联邦法——为创建养老保险信息奠定基础。

（3）1996 年 4 月 1 日第 27 号《关于强制养老保险个人（个体）登记联邦法律》。

（4）1997 年 7 月 21 日第 113～903 号《关于计算和增加国家抚恤养老金程序》联邦法——加强养老金金额与工作人员劳动贡献之间联系。

（5）1997 年修改后《关于俄罗斯联邦国家抚恤养老金》联邦法——规定养老体系运作的法律依据。

（6）1999 年 7 月 17 日第 178 号《关于国家社会救济》联邦法——规定有权得到各种社会服务的人可以行使选择权，以各种形式取得社会服务或者放弃取得服务领取货币付款。

（7）2000 年 9 月 27 日第 1709 号《关于在俄罗斯联邦完善国家养老保障的管理》法令——对养老体系实施了组织机构调整。

（8）2001 年 12 月 15 日第 166 号《关于俄罗斯联邦国家养老

金保障》联邦法——核定和发放国家养老保障形式的养老金。

（9）2001 年 12 月 15 日第 167 号《关于俄罗斯联邦的强制养老保险》联邦法。

（10）2001 年 12 月 17 日第 173～403 号《俄罗斯联邦劳动退休》联邦法——确定金额的程序向公民提供国家养老保障权的条件，规定各类劳动退休金的建立和金额的程序。

（11）2001 年《俄罗斯联邦义务养老保险》联邦法——规定享有劳动退休权的人员。

（12）2004 年 8 月 22 日第 122 号联邦法——核定和发放俄罗斯养老基金地方机构对联邦受惠人的每月付款。

（13）2006 年 12 月 26 日第 256 号《关于有孩子家庭国家支持的补充措施法》联邦法——为 1967 年出生或更年轻的妇女建立自己退休金的积累部分。

（14）2008 年 12 月 22 日第 269 号《关于为了提高某些公民的物质保障水平对某些俄罗斯联邦法律文件的修改》联邦法——调整劳动退休金基础部分指数和每月货币付款的法律文件。

（15）2008 年 4 月 30 日第 56 号《关于给劳动退休金积蓄部分的补充保险缴费和对建立养老金积蓄的国家支持》联邦法——养老保障的稳定机制。

除此以外，涉及调整强制性养老保险的法律包括以下几项。

（1）俄罗斯联邦宪法。

（2）俄罗斯联邦税法典，第一部分在 1998 年 7 月 31 日第 146号，第二部分在 2000 年 8 月 5 日第 117 号（第 24 章，"统一社会税"）。

（3）俄罗斯联邦政府从 1997 年 3 月 15 日第 318 号决议"关于国家养老保险中个人在组织中的支付比例的目的"。

（二）联邦法律规范有关养老金的具体规定

俄罗斯联邦退休金法令规定退休金的内容包括以下两点。

（1）国家养老金：因多年劳动应得的养老金、退休养老金、伤残抚恤金、社会养老金。

（2）劳动退休金：养老金、残疾退休金、遗属退休金。

领取养老金的条件及方法如下。

领取养老金的条件取决于退休年龄与工龄。男性的退休年龄是60岁，女性——55岁。同时，法律也规定了某些类别公民和从事特定职业的工作人员有提前退休的可能（见表6-3）。俄罗斯列瓦达社会调查研究中心针对提前退休问题所做一项调查中提及"您怎么认为，为了解决养老金支出问题取消不同领域工人提前退休，而用补偿支付代替"问题时，受访群众中只有30%表示同意，49%反对，22%难以回答。

表6-3　针对"您怎么认为，为了解决养老金支出问题取消不同
领域工人提前退休，而用补偿支付代替"问题的回答

单位：%

完全同意	5	强烈反对	21
马上同意	25	难以回答	22
马上反对	28		

资料来源：俄罗斯列瓦达中心，2012。

获得养老金必须有至少五年的工龄。法律对工龄和保险工龄进行了概念区分。工龄是工作及别的工作活动持续时间的总和，用来核算确定有资格获得国家养老保障下某些类型养老金及按照联邦法律"关于俄罗斯联邦劳动退休金"规定与保险工龄共同核对取得劳动退休金。

保险工龄是工作或者别的活动持续时间总和期间内，向俄罗斯联邦保险基金支付保险费的时间，用来核算确定获得劳动退休金的资格。

保险工龄包括以下几点：

——被保险人在俄罗斯境内为履行强制性养老保险的法定义务工作或者开展其他活动的时间（以下简称被保险人）；

——被保险人的工作或开展其他活动的期间，是在俄罗斯境外履行俄罗斯联邦法律或者俄罗斯加入的国际协定，或者自愿加入强制性养老保险的法律关系且向俄罗斯养老基金支付保险费；

——俄罗斯联邦法律规定的其他期间。

计算保险工龄，进行日历规则，是获得劳动退休金权利的需要。

计算方法采取的是个性化计算。个性化的计算是养老保险制度改革的一项重要内容，这从通过的第一个联邦法律中的"关于国家养老保险制度中的个人（个性化）计算"可以证明。个性化计算包括每个被保险人的个人缴费和计算情况。

根据该法"关于个人（个性化）的养老保险登记状态"，每个被保险人必须有一个和个人账户有关的信息：

——劳动和从事社会有益活动的期间，包括在为获得劳动退休金的所有工龄之中；

——工资或收入额（保险工龄中的每一个月），为其累计俄罗斯联邦养老基金的保费；

——盈利或收入的金额（保险工龄中的每一个月），以核算劳动退休金的效用；

——根据工龄核算这些公民每月的保费金额，包括雇主和被保险人本人的负担金额；

——受益期内失业的公民；

——兵役等其他类似服务期间都包含在工龄中。

个性化的账户将更加准确地预测就业人口和退休人员在全国和特定职业比例的变化，更准确地确定保险费用和养老金率的必要量。

二　自 2002 年以来的改革及出现的问题

（一）2002 年改革取得的基本成效

养老金改革的主要目标是建立一个养老金制度，确保及时支付退休人员的养老金，并保证年青一代公民老有所养。

改革后，养老金由三部分组成：基础的（由国家建立的）、保险（取决于工龄和工资收入）、积累（取决于工资和赚取的证券收益）。公民的积累部分可以独立支配，对国家是有益的，因为它不用全部负担养老保障的责任。

1. 基本养老金

基本养老金既不取决于工作年限，也不取决于工资，而是按照法律规定开始都是一个基数，但是它在不断地增加（即按照比率）。从 2009 年 3 月 1 日起，退休金的基础部分增加了 8.7%，规定金额为 1950 卢布，从 12 月 1 日起，退休金的基础部分提高到 31.38%，至 2562 卢布。

如果居民已经达到了 80 岁，或是残疾人，或是家庭有需要赡养的无劳动能力的成员等，养老金的基础部分按更高的数额支付。

2. 养老金的保险部分

养老保险部分＝养老金资金/生存时间（月）

养老保险资金由保费组成，用人单位自 2002 年 1 月每月支付给养老基金的最高金额为工资的 14%。

有些缴费是补充养老资金，其中有一些随后被用作劳工退休金的保险部分，另一部分去补充养老储蓄，被认为是养老金的储蓄部分。

保费＝养老资金（进入保险部分）＋养老储蓄（转到储蓄部分）

直到 2005 年，用人单位划拨给每个员工 35.5% 的统一社会税。其中 28% 由养老基金获得，14% 用来支付养老金，其余 14% 形成员工的未来养老金，3% 作为积累部分，11% 作为保险。养老金保险部分也被用来支付当前的养老金。

3. 养老金的积累部分

退休金的一部分供款，由用人单位以社会统一税的形式支付，然后进入养老基金，但不用来支付当前的养老金。它积蓄并投资，即投资于证券以赚取收入。养老基金这种核算方法被称之为公民的"专门的部分个人账户"，被确认为每年都有进款，并获得投资收益。

（二）养老金改革难以达到预期目标

养老金改革的基本任务是建立养老金制度，以保证给当前领取退休金的人及时支付养老金并确保年青一代生活有保障的晚年。为此必须提高养老保险体系的收入，以此在将来对养老金进行支出。参照国际社会标准和国内实际情况，养老制度改革需要提高替代率到 40%。但是达到这个目标很困难。

俄罗斯养老改革开始于 2002 年，但是，在 2002 年之前出现了养老保障的分配体系，所有由雇主支付的资金在企业工资总额中扣除，用来支付养老金。由于增加了人口的平均退休年龄，使得退休者数量增加，相应地减少了劳动者的数量。结果是减少了养老金供款的金额，导致了养老金的减少。

表 6-4 是俄罗斯列瓦达社会调查研究中心针对退休问题所做一项调查中提及"您是怎么想的，这次改革对大多数退休者来说，

他们的状况是改进了，还是恶化了，或者是根本没什么变化"问题时受访者的回答，只有6%的人表示改进了，42%表示恶化了，28%认为没什么变化，24%难以回答。

表6-4　针对"您是怎么想的，这次改革对大多数
退休者来说，他们的状况是改进了，还是恶化了，
或者是根本没什么变化"问题的回答

单位：%

改进了	6	没什么变化	28
恶化了	42	难以回答	24

资料来源：俄罗斯列瓦达中心，2012。

（三）社会评价养老金改革存在的主要问题

第一，缺乏来自国家的资金投入。

第二，巨大的和不断增长的俄罗斯养老基金赤字，养老金数额低，其增长率长时间内相对滞后于工资增长，强制储蓄养老金的低收益率，这些都令人担心未来退休人员的正常生活。

如果在2002～2004年养老基金预算降低少有盈余，在2005～2006年养老基金已出现赤字，并继续扩大。一些专家开始谈论俄罗斯联邦养老基金的金融危机（金额赤字为200亿卢布或者是预算支出方面的1.35%）。

第三，没有通过继续改革措施需要的法律政策。

第四，联邦财政连续资助违背了养老基金的自身准则，创建一个独立财政结构的组织来支付保险账户。

第五，国家养老金规定也需要现代化，需要体现公平正义。应该包括：（1）退休金；（2）残疾抚恤金、国家遗属抚恤金；（3）国家养老金；（4）社会养老保险。但其中的差别所产生的社

会分化，导致居民对官员过高的养老金普遍不满。研究俄罗斯养老保险制度的民众关注度可以看出倾向（见表6-5）。

表6-5 针对"您是否考虑过，当您到达退休年龄时，您将用何收入生存"问题的回答

单位：%

	2010	2011	2012
没考虑过	41	33	36
考虑过,认为用国家养老金,残疾抚恤金生活	47	54	52
考虑过,认为用职业养老金生活	1	2	1
考虑过,认为用非国家养老基金支付费用生活	3	3	2
考虑过,认为来自孩子及亲戚的帮助	6	6	5
考虑过,认为利用财产积累,财富积累的收入(比如出租住房等)			
考虑过,依靠其他	<1	<1	<1
将继续工作	2	1	3
考虑过,但没想到什么	3	3	2
难以回答	2	3	2

资料来源：俄罗斯列瓦达中心，2010～2012。

三 现阶段养老制度的改革

（一）社会统一税的废止

俄罗斯养老金制度发展的基本变化是2010年1月1日从社会统一税到保险费的过渡。

由联邦预算的社会统一税负担基础养老金，而俄罗斯联邦养老基金自身预算却是亏空的。如果这个系统没有任何变化，那么到2020年超过80%的养老保险基金的预算将由联邦预算组成。因此，自2010年起计划更换社会统一税为保险费。新模式的过渡是要创造条件，以减少预算的补贴额度。

按照 2009 年 7 月 24 日俄罗斯联邦法第 212 号"关于俄罗斯联邦养老基金、俄罗斯联邦社会保险基金、联邦强制医疗保险基金、领土医疗保险基金保险费"和 2009 年 7 月 24 日俄罗斯联邦第 213 号关于修改和联邦法律"关于俄罗斯联邦养老基金、俄罗斯联邦社会保险基金、联邦强制医疗保险基金、领土医疗保险基金保险费"有关的俄罗斯联邦某些立法行为和俄罗斯联邦的某些立法行为条文，自 2010 年 1 月 1 日起改变俄罗斯养老保险基金收入的原则：强制养老保险由保险费代替社会统一税。

为了避免加重企业财务负担危机，保费在 2010 年的利率保持在近年来统一社会税的水平。保费税率从 20% 增加到 26% 是为了保障自 2011 年 1 月 1 日起养老基金计划的财务稳定性。因此预设条例从 2011 年 1 月 1 日起对所有的雇主实行统一的保险费税率。

（二）劳动退休金结构的变化

从 2010 年 1 月 1 日起改变了劳动退休金的结构：基础部分调到强制性养老保险制度，由保险费负担。213 号法律引入固定基础养老金，代替劳动退休金中的基础部分，这是养老保险的一部分。

固定基础养老金对应劳动退休金基础部分的尺度取决于退休人员的类别和养老金的类型。这取决于退休人员的年龄、残疾群体、赡养者人数等因素（表 6 - 6）。

表 6 - 6　劳动退休金固定的基础养老金

养老金领取类别（年龄或残疾群体）	按赡养人数领取的养老金（卢布）			
	1 位	2 位	3 位	更多
老年劳动养老金至 80 岁	2562	3416	4270	5124
80 岁以上或一级残疾	5124	5978	6832	7686
残疾抚恤金				
一级	5124	5978	6832	7686

续表

养老金领取类别(年龄或残疾群体)	按赡养人数领取的养老金(卢布)			
	1 位	2 位	3 位	更多
二级	2562	3416	4270	5124
三级	1281	2135	2989	3843
劳工遗属抚恤金				
失去双亲的儿童或单亲妈妈	2562	—	—	—
其他无劳动能力成员家庭	1281			

劳动退休金保险部分的固定基础金额须遵循保险部分指数化的规则。此外，从 2015 年 1 月 1 日老年人劳动退休金保险部分的固定基础金额每满一年将增加 6%（到退休之日男性保险工龄超过 30 年，女性超过 25 年的），到规定工龄每缺少一年减少 3%。到年底，俄罗斯的平均养老金将达到 7902 卢布。今后它将继续增长，这取决于通胀水平和俄罗斯联邦地区的最低生活水平。然而，正如分析人士预测，由于俄罗斯联邦人口的迅速老龄化，以及在养老金改革的下一阶段有劳动能力的公民减少，可能要延长退休年龄——男性到 65 岁，女性到 60 岁。

（三）养老金的物价稳定措施

养老金的物价稳定措施，也是本次修订的老年人的养老金权利。物价稳定措施已于 2010 年 1 月 1 日实施，它一次性增加了被保险人的退休费资本。

例如，一个人在 1994 年退休，拥有 35 年的工龄。到 1991 年工作 32 年，之后还有 3 年。他的退休金权利指数化后是 42%：10% 是和其他退休者一样平等享有的，而 32% 是在苏联时期凭工作年限所享有的。

增益的计算方式很简单，即 42%×3876 = 1628 卢布。

实施物价稳定措施后，个人退休金的平均涨幅将在 700～1700 卢布。这取决于获得养老金的年龄。

四　养老金计划——养老金积累

养老金的个人积累，是解决公民将来养老问题的方法之一。由于俄罗斯改革养老金制度的重要性，俄罗斯总统成立了养老金改革全国委员会。

深入研究各种不同的养老金计划，无疑是为了优化和刺激整个系统达到平衡。从长远看，引进养老金积累可以预期以下有利的变化。

第一，未来的退休人员将提高福利收入，因为资金拨付会使养老金长期积累。

第二，运用养老金"长钱"作为俄罗斯经济的投资，将提供更高的经济增长率。

第三，减少国家养老金系统的负担。

第四，加大官方的工资份额（正常收入），最终形成积极的劳动力市场。

养老金共同出资规划。这项法律的目的是国家从预算中为工作人员的自愿养老缴费进行 1∶1 的配套补助，即每 1000 卢布补加同样的数目。工作人员工资中的资源缴费应该每年不少于 2000 卢布，国家添加同样数额。因此，支付给公民个人的总金额，将是每年 4000 卢布。国家共同资助的最高金额是每年 12000 卢布。如果一个公民支付超过 12000 卢布，国家资助资金仍然是一年 12000 卢布。公民个人总金额即每年 32000 卢布。

对已经达到退休年龄的工作人员，在他们因继续工作而暂时延迟核发养老金的条件下，国家对每 1000 卢布自愿养老缴费的附加将达 4000 卢布，但总额不超过 4.8 万卢布。

近年来有专家建议，主张实行家计调查式的养老金制度，对于继续工作的退休人员和高收入群体则取消支付基础养老金，这样的话，可使目前基础养老金支出由占 GDP 的 2.4% 减少到 0.5%。[①] 但俄罗斯劳动与社会保障部在 2013 年制定的改革方案中称，将于 2015 年 1 月起重新恢复三支柱体系。

养老金改革过程仍在进行，这个过程的目的是进一步提高养老金领取者的收入。

但养老金制度是如此复杂，未解决的问题很多，其成效判断还为时尚早（见表 6 - 7：俄罗斯列瓦达社会调查研究中心针对养老金改革所做一项调查中提及"您是否觉得准备养老金改革很麻烦？"问题时，受访群众中有 59% 认为麻烦，22% 认为不太麻烦，13% 认为不麻烦，6% 难以回答）。

表 6 - 7　针对"您是否觉得准备养老金改革很麻烦"问题的回答

非常麻烦	29	改进不麻烦	13
在某种程度上麻烦	30	难以回答	6
不太麻烦	22		

资料来源：俄罗斯列瓦达中心，2012。

尽管改革给俄罗斯带来了一定程度的物价稳定，退休人员开始拿到更多的养老金，还创建了养老金共同出资项目，但多数民众对此仍持谨慎和不信任态度。只有解决最根本的问题——克服

---

① Е. Т. Гурвич, Пенсионная реформа: общие принципы и необходимые меры, февраль 2011.

赤字①，养老改革才会是有效的。此外，当一个政府更加注重社会公平、注重民生，并能藏富于民的时候，我们才能评价改革的成效。

第四节 俄罗斯养老保险制度改革对中国的启示

俄罗斯养老保险制度在 20 多年的改革进程中，虽然出现了较多问题，但也摸索到一些规律，并初步建立起一套符合俄本国国情的养老保险制度。中国在养老保险制度改革过程中面临的一些问题与俄有相似的一面，如巨大的转轨成本负担，政治、经济、法律制度不够健全等，因此，俄养老保险制度改革的经验与教训对于中国来说具有重要的借鉴意义。

第一，在新旧养老保险制度交替过程中要注意解决转轨成本问题。

苏联解体后，大量已经退休和临近退休的职工在旧养老金制度模式下积累的养老金权利转为养老金负债。在历次的养老保障制度改革中，如何合理弥补这笔历史隐性债务是摆在俄罗斯政府面前的一道难题。普京执政后便开始推行一系列改革，特别是正确地将出售国家资源（石油、天然气等）所得一部分用于社会保险基金，这是真正的"取之于民，用之于民"。这一点应吸收俄罗斯的经验。我国也可以有一些好的办法解决社保难题，比如通过逐步出售国有资产，为全民养老服务。国有资产原本就是全民资产，划归社保无可厚非。中国经济上升，靠的是全体人民的艰苦奋斗和廉价劳动，全民的社会保障水平应当水涨船高。

---

① 2009 年养老金赤字达到 3300 亿卢布，2010 年达到 7800 亿卢布。

　　另外，普京政府还出台了一系列刺激内需的相关政策，工资和养老金的大幅增加成为拉动内需的主要动力。在这种有利的形势下，俄开始落实"三支柱"养老保险新制度，并连续出台了四部改革养老保险制度的联邦法案，直到此时，俄才最终实现了对原苏联时期一直沿用的现收现付的养老保险制度的根本性变革。可见，在新旧养老保险制度交替过程中，要特别注意解决转轨的成本问题，否则，出台的改革措施与政策将无法应对各种突发的经济或政治事件。

　　2010 年俄罗斯启动了以"税"改"费"为主要内容的新一轮养老保障制度改革，这次在制度设计上，提出了"返还对苏联时期已有工龄退休人员的养老金欠账"，对 2002 年前退休的人员，将其养老金增加 10%，对于 1991 年之前的工龄，每年工龄折合增加 1% 的养老金额。这当然不能完全弥补过去退休人员的损失，因为 1991 年之前，平均养老金是最低生活保障水平的 2.5 倍，养老金替代率为 55%，而截至 2009 年 7 月，这两个数字分别仅为 1.25 倍和 23%。① 但俄政府在此方面做出的努力有目共睹，单就提高苏联时期参加工作人员的养老金来说，2010 年联邦预算就要支出 4845 亿卢布。②

　　目前，中国养老保险基金的缺口已达 2.5 万亿元人民币，国家已成立了专门部门负责养老基金，这个基金由国家出资作为养老金的战略储备。当人口老龄化高峰来临时，如果养老资金不能平衡，就将动用这笔基金作为养老金的补充。在向市场经济大步迈进的过程中，如何实现由单位人向社会人的过渡，如何解决空账运行的难

---

① 2009 年养老金赤字达到 3300 亿卢布来说，2010 年达到 7800 亿卢布。
② 2009 年养老金赤字达到 3300 亿卢布，2010 年达到 7800 亿卢布。

题，从而进一步解决中国养老改革过程中的转轨成本问题，将是中国无法回避的一个课题。

第二，养老保险制度的改革与完善是一项复杂的系统工程，切忌急于求成。

养老保险制度改革与相应的社会、经济、政治和法律制度改革相配套时，才能取得更大的进展。中国未来的养老保险制度设计也不能脱离中国特定的社会经济环境和历史传统。在这个过程中，养老保险责任由国家、单位逐渐转向社会，同时，家庭养老的功能也在逐渐弱化。因此，养老保险制度的改革与完善是一个复杂的系统工程，在建立新的养老保险制度过程中不能急于求成。否则，将有可能像俄罗斯那样，1997 年虽出台了极具新意的"三支柱"养老保险制度改革方案，但由于各种相关配套的政治、法律、税收政策与措施没有同步跟上，再加上 1998 年爆发的金融危机，使得这一新的养老保险制度改革方案无法得到有效落实。

第三，制定符合本国国情的养老保险体系。

俄罗斯养老保险制度改革是从政府大包大揽向"三支柱"发展，既减轻了政府财政负担，也从整体上改善了国民养老保障，呈现良好的发展势头。这一点值得我们参考。

俄在养老保险制度改革之初就确定了养老金给付额应根据参保年限和工资水平且每 3 个月根据物价变化情况进行调整和养老金指数化等原则，以改变原苏联时期养老保险只有基本养老金一个层次和养老金的发放没有进行定期调整的弊病。其政策的出发点主要是减轻政府财政的压力。即在对养老金领取者产生较小影响的前提下，如果出现了较高幅度的通货膨胀，采用工资调整指数；反之，在人均劳动生产率提高较快的情况下，采用价格调整指数。

在三层次养老保险制度下，俄罗斯规定每个年龄层都有一个相应的保险税率，对于较年轻的劳动者规定较低的保险部分的养老税率和较高的积累部分的养老金税率，而对较年老的劳动者则规定较高的保险部分的养老税率和较低的积累部分的养老金税率，这样有利于劳动者工作与生活的稳定，并为未来实现较高的养老金替代率提供了可能。

普京政府不仅设立了公有的退休储蓄基金管理公司，而且还允许私人基金管理公司吸纳居民的退休储蓄基金。让不同社会阶层的人们有了更大的自由选择空间，使他们能够按照自己的意愿来选择自己的补充养老保险。

就中国目前的养老保险而言，应该大力发展企业补充养老保险制度和个人储蓄积累保险制度这种多层次的养老保险制度。

这符合政府、企业、个人三者的长远利益。现在的问题是，企业上缴的养老费用最多，人工成本太重，个人缴纳其次，政府承担的最少。这对于中国经济的发展和养老保险制度的逐步健全和令人放心都是不利的。养老保险基金的运作，一是需要政府"民生为本"的担当和社会财富的公平分配；二是要对企业特别是实体经济"放水养鱼"，培养税基、以政策性优惠鼓励企业补充养老保险制度的实施；三是研究探讨引导监督社会参与养老保险制度建设的途径与方法，使"老有所养"真正落在实处，不再成为现实的难题与未来的隐患。

第七章

俄罗斯的医疗保险制度

苏联时期，公民的免费医疗服务主要由国家财政提供；苏联解体后，俄罗斯沿袭了免费医疗的传统，1993 年通过的联邦宪法第 41 条明确规定：所有人都有保持健康和享有医疗帮助的权利。国家和市政医疗机关必须依靠相应的预算、保险金和其他收入为居民提供无偿的医疗帮助。不过，鉴于经济实力有限，资金的主要来源由国家税收改为医疗保险基金。

第一节 俄罗斯医疗保险制度现状

1991 年 7 月，俄罗斯通过《俄罗斯联邦公民医疗保险法》（以下简称《医保法》），推出公民医疗保险的新举措，即同时实行强制医疗保险和自愿医疗保险。

强制医保是国家社会保险的一部分，它提供给全体俄罗斯公民平等的机会，建立在投保人和医保机构之间所签署合同的基础之上。依据合同，后者向前者提供符合强制医保所规定的医疗服务，如门诊治疗、预防治疗、急救和患重病时的住院治疗等，这些全部免费，一些处方药品可免费或半价出售。1996 年通过了居民强制性医疗保险法，公民可以免费得到国家医疗保险单。每个人出生后，有一个自己的医疗号，有权领取医保卡。按照居民所在的社区，对免费的诊所做出明确的限定，居民到指定的诊所看病，住院一切费用全免，包括吃饭。所在医院没有条件治疗时，允许转院到所在地区以外的、属于发卡单位系统所属的其他医疗机构就医。

自愿医保是一种补充性公民补偿机制，在患病或遭遇不幸的情况下补偿发病相关的成本和损失，这是超出强制保险保障范围，社会接受自愿医保的医疗融资。其方式既可以是集体投保，也可以是个人投保。按照提供自愿医保保险公司的规则订立保险合同的条款，其中保证了医疗组织和卫生服务，并指定了列表范围内的医保计划。据《医保法》规定，自愿医保"规定公民超过强制保险的计划时接受补充的医疗服务和其他服务"。因此，自愿医保的社会经济重要性在于，它是社会保险的有益补充。

第二节　俄罗斯医疗保险基金的运行与管理

一　医疗保险基金的资金来源

按照《医保法》第 10 条规定，俄罗斯卫生系统的财政来源包括：俄罗斯联邦预算和地方预算；国家、公共机构（协会）、企业和其他经济实体的资金；公民个人的资金；无偿或慈善捐款和捐赠；证券收入；银行贷款及其他。

在俄罗斯，强制医保系统的资金有两个来源：俄联邦预算拨款与企业、团体和其他法人实体缴费，后者的缴费率目前是工资总额的 3.6%，0.2% 上缴联邦基金，3.4% 上缴地区基金。对于没有劳动收入的居民，国家为其办理医疗保险，保险费由国家预算支出，其中保险费的缴纳占强制医保收入总额的 90% 以上。

1998 年 9 月 11 日，第 1096 号俄罗斯联邦政府决议"关于国家保障向俄罗斯联邦公民提供免费的医疗保险计划"中提到，免费医疗的资金支持 80% 以上来自强制医保基金，尤其重要的是，34.6% 用于支付非劳动人口的强制医保。

俄罗斯联邦第 1018 号政府部长理事会相关决议规定，强制性医保的保费需要所有的经济实体缴纳，包括组织、机构、企业、农民（农场主）的家庭村社、北部从事传统农业的原住民族社区、个体户、自由职业者。残疾人、退休者创建的企业和组织或残疾人、退休者人数超过 50% 的企业和组织可免缴强制医疗保险金。

自愿医保的保费由被保险人支付，如集体投保由企业支付，个人投保则由个人支付。医疗保险公司设定支付的税率，在自愿医保计划的框架内由医疗机构提供医疗服务。按照未动用资金的合同条款，自愿医保保费可以退还给被保险人（公民）。

二　强制医疗保险参与主体

根据《医保法》，俄罗斯强制医保有三级组织和资金管理主体。这些主体通过签订协议履行强制医疗保险、收集和积累保费，并以此来支付医疗服务。

强制医保系统的第一级是联邦强制医保基金，它负责制定全面的政策并构建制度管理系统。但它本身不进行保险操作，不向强制医保系统中的公民支付。为实现医保的国家政策，联邦基金在强制医保中承担全面协调的角色，制定基本方针，实现对俄罗斯联邦境内强制医保的监管，并且对公民所在地区医保的费用实施监管。

强制医保的第二级组织是联邦境内基金及其分支机构。此级是基本制度，因为它负责联邦境内基金的资金收集、存储和资金分配，具体由俄罗斯联邦境内主体组建，是一个自治的公立非营利金融和信贷机构，并对有关主管部门和行政机关负责。

联邦境内基金属于国有，不计入预算和其他基金，由以下几部分组成：企业为劳动人口缴纳的保费（工资总额的 3.4%）；联邦主体对非劳动人口的预算资金；向保险公司、医疗机构和其他实体享有追索权的资金；因违反保险规则收到的罚款；法律规定的其他来源。其主要目的是确保强制医保在联邦境内每一个主体内的普遍性和社会公正性。联邦境内基金的基础工作是确保强制医保系统的财务平衡和可持续发展。

为了履行其职能，联邦境内强制医保可以创建多个城市和地区分支机构，以承担保险费的收集和医保机构的融资任务。在没有医保机构的区域，由该区域的分支机构对公民实行强制医保，即积累保费并同医疗机构结算。

强制医保的第三级组织是医疗保险机构。根据俄罗斯的法律，医保机构可以是任何所有权形式和组织的法人实体，并根据保险监管部发出的执照来进行强制医保工作，负责保险金支付的医疗服务。该机构有权同时进行自愿医保，但不得从事其他类型的保险活动。同时，对强制和自愿保险分别单独进行核算，不能转用强制医保资金以实现商业性目的。

三　俄罗斯强制医疗保险的运行模式

强制医保系统是非常复杂的，受到政治、社会和经济问题的影响，而每种模式的实施形式取决于强制医保系统内各子系统的资金运行方式。

到目前为止，不同的联邦主体有四种强制医保运行模式。

第一种模式基于法律框架，更充分地考虑要医保的实施要符合国家政策的基本原则。在本模式中，强制医保系统中的所有主体都要参与。投保人的资金（企业和政府机构）纳入地方强制医保基金。该基金累积募集资金，并与医保机构签订合同。在一般情况下，由当地政府代表签订合同，雇主作为保险费的缴纳主体监督强制医保的执行并为他们的员工选择医疗机构。有 19 个俄罗斯联邦主体选择了这种模式，覆盖全俄约 30% 的人口。

第二种模式是强制医保的组合系统。这意味着，给公民提供保险的不仅仅是医保机构（给予保单和拨款给医疗机构），还有强制医保基金的分支机构。这是最常用的强制医保方案，有 36 个俄罗斯联邦主体选择这种模式，覆盖全俄 44.8% 的人口。

第三种模式在强制医保系统中完全没有医保机构，它们的功能被地方强制医保基金及其分支机构所代替。这种模式被 17 个俄罗斯联邦主体采用，覆盖全俄约 16% 的人口。

第四种模式则是由当地卫生部门负责收缴资金，直接融资医疗机构。这种情况覆盖全俄约 9.2% 的人口。

第三节　俄罗斯实行全民健康保险的实际做法

人人"享有健康"是医疗保障制度建设的普遍目标，俄罗斯正走在实践的路上。俄罗斯居民健康状况持续好转，在某些指标如出生率、婴儿死亡率、人均预期寿命等方面均出现转好趋势。这些变化既可以被解释为国家社会经济情况趋稳的结果，也可以说是在医疗保健领域实施国家政策的结果。近几年的实际做法如下。

第一，2006 年 1 月 1 日开始实施国家优先项目——《健康》项目，涉及三个方面：提高初级卫生保健的优先地位，加强保健预防性，扩大高科技医疗救助的应用范围。其基本任务是改善卫生保健事业的形势和为今后的卫生保健现代化创造条件。俄联邦也开始努力为人力资本的形成创造良好的条件（这在国家优先发展纲要中有所反映）。有大病需要长期服药者，由国家保证两种必需的药，病人不必自己花钱。

第二，俄卫生保健领域的功能是保障公民有获得免费且优质的医疗救助的宪法权利。为此，俄罗斯联邦政府每年都要批准一个向俄联邦公民提供免费医疗救助的国家保障计划。这一文件确定向俄联邦公民在俄联邦境内免费提供医疗救助的种类和数量。俄罗斯各联邦主体也拟订地方计划纲要。计划筹资来源于各级预算资金、强制医疗保险金和其他收入。

第三，一些联邦主体正在实验性地测试国家和市属卫生保健系统内资金流转的新机制。预计未来不仅非劳动居民的预算拨款要归入强制保险地方基金，而且公共缴费、设备购置、国家和市属卫生医疗机构设施的维修等也要并入其中。因此，未来所有资金都将通过强制医保地方基金提供给医疗机构。

第四，俄罗斯联邦政府把提高居民药物的保证水平作为自己的任务，规定选用一整套高质、有效和安全的药物。采取一系列措施稳定居民的药物保障计划：对进入必需和最重要药物清单的药物生产商最高出厂价实行强制登记，并及时修订该清单；责成俄罗斯联邦各主体的管理机关使药物的最高批发和零售加价水平最低化；对药品分配经销机构和药店就俄罗斯联邦各主体规定的所有药物批发和零售加价的遵守情况进行监督。

第五，实施一整套对母亲和儿童进行医疗帮助的措施（略）。

第四节　俄罗斯医疗保险制度的主要特点

从俄罗斯医疗保险的制度模式、运行机制及其具体实践来看，有以下几个特点。

一是制度统一，覆盖范围广。强调的是全民覆盖的理念，以是否就业来决定是否缴费，政府负责为老人等弱势群体买单，雇主负责为雇员买单。免费医疗的范围极广，根据1998年通过的《国家保障免费提供医疗计划》，急救、门诊看病、住院救治等，全部免费。

二是统筹和管理层次高。俄罗斯的医保基金主要由联邦境内（相当于我国的省级）基金负责筹集、管理及发放，基金的共济能力高，行政管理成本相对较低；

三是统一经办机构缓和医患矛盾。医保经办由医保机构（是任何所有权形式和组织的法人实体）进行，可同时进行强制和自愿医保。这种运作方式实质上是政府购买服务。医患之间不发生直接的金钱往来，通过第三方即医保机构完成交易，有效避免了医患纠纷。

四是推行医药分离，医疗体制中引入转诊制，既避免了医疗腐败，又提高了初级卫生保健的优先地位，从而避免了患者盲目地向上流动。

五是保证了强制医保中医院的公益性。俄罗斯卫生部对下属的全部卫生机构拥有所有权和经营权。管理权由卫生部下放到省和地区级的管理机构，然后再下放到社区和农村，大多数人到城市和农村健康中心的诊所网就诊，由指定的医生负责某一社区人群的卫生服务工作。

　　总之，虽然俄罗斯经历了政治和经济转轨的剧烈震荡和巨大阵痛，但社会保持了相对稳定。社会保障体制尽管并不完善，但并没有失灵。俄罗斯的实践表明：经济改革或可以实行"休克疗法"，社会保障改革却只能渐进。俄政府在医疗保险乃至社会保障中一直扮演着重要角色，承担了必要的转轨成本，其一系列法规为医保制度的规范化运行提供了法律依据。值得肯定的是，在社会各方面向市场经济转轨的进程中，俄政府没有在医保领域以市场化为导向，而是在保证一定份额公立性医院和免费医疗的基础上，引入自愿医疗保险，通过适当的市场介入进行融资，使医保基本能保证公众的需求。

主要参考文献

一　著作类

1. 〔美〕理查德·莱亚德等：《俄罗斯重振雄风》，中央编译出版社，1997。

2. 董晓阳：《俄罗斯利益集团》，当代世界出版社，1999。

3. 〔俄〕弗兰克：《俄国知识人与精神偶像》，1999。

4. 和春雷主编《社会保障制度的国际比较》，法律出版社，2001。

5. 董克恭主编《社会保障百科全书》，中国社会出版社，1994。

6. 《苏联国民经济六十年》（纪念统计年鉴），三联书店，1979。

7. 米哈依尔、戈尔巴乔夫：《对过去和未来的思考》，新华出版社，2002。

8. 张桂琳、彭润金等：《七国社会保障制度研究》，中国政法大学出版社，2005。

9. 海运、李静杰主编《叶利钦时代的俄罗斯》政治卷，人民出版社，2001。

10. 冯绍雷、相蓝欣主编《转型中的俄罗斯社会与文化》，上海人民出版社，2005。

11. 阿巴尔金主编《俄罗斯发展前景预测》，社会科学文献出版社，2001。

12. 李景阳：《基本经济制度转变中的社会冲突——对俄罗斯的实证分析》，东方出版社，2002。

13. 俄罗斯国家统计委员会：《1999 年俄罗斯统计年鉴》俄文版。

14. 科勒德克：《从休克到治疗：后社会主义转轨的政治经济》，上海远东出版社，2000。

15. 李新主编《中俄社会保障制度问题：比较分析》，北京交通大学出版社，2010。

16. 冯绍雷、相蓝欣主编《俄罗斯经济转型》，上海人民出版社，2005。

17. 关海庭：《中俄体制转型模式的比较》，北京大学出版社，2003。

18. 关海庭、吴群芳：《渐进式的超越》，北京大学出版社，2006。

19. Экономические и социальные процессы в переходной экономике. – М., Рязань, 1999.

20. Филякин Ю. П. Теоретические проблемы становления социально-ориентированной рыночной экономики: опыт России. – М., 2000.

21. Трансформация постсоциалистической экономики: экономический и социальный аспект. – М., 1999.

22. Скворцова В. А. Занятостьв переходной экономике: модификация и регулирования. – М., 2000.

23. Семенов А. В. Экономика и общество: процессы модернизации и трансформации (вопросы теории). – М., 2001.

24. Россия и Китай в шанхайской организации сотрудничества. – М., 2006.

25. Гурвич Е. Т. Пенсионная реформа： общие принципы и необходимые меры февраль 2011.

二　期刊类

1. 阎坤：《国际养老保障模式及其对我国的启示》，《财政研究》1998 年第 7 期。

2. 邓晖：《从苏联到俄罗斯：养老金制度改革之译述》，《世界经济情况》2005 年第 24 期。

3. Тарасенко М. Зарплата металлургов в странах СНГ должна быть удвоена а то и утроена…，Информационный бюллетень Международного обьединения профсоюзов трудящихся горно － металлургической промышленности，No. 3，2004.

4. Владимир Гимперсон，Политика в регулировании российского рынка труда，Вопросы экономики，No. 6，2002.

5. Агентство социальной информации，выпуск 7 （168），20 － 26 февраля，1998.

6. Владимир Гимперсон，Политика в регулировании российского рынка труда，Вопросы экономики，No. 6，2002.

7. David Cornor，"Labour Market in Russia," *Economic Studies*，No. 11，1999.

8. Российский Государственный комитет по статистике，Статистический ежегодник России，1999.

9. Экономика и жизнь，апреле 1997.

三　网站类

1. http：//www. ngopravo. ru.

2. http：//www. demographia. ru.

3. http：//www. yandex. ru.

4. http：//www. ramble. ru.

5. http：//www. levada. ru/press/2009020907. html.

6. http：//ria. ru/economy/20130704/947628514. html.

7. http：//www. rg. ru/2013/11/06/pensii − anons. html.

8. http：//pensionline. ru/？cat = 1&paged = 4.

图书在版编目（CIP）数据

转型期俄罗斯工会与社会领域的变化／许艳丽著
. --北京：社会科学文献出版社，2016.8
（中国劳动关系学院青年学者文库）
ISBN 978 - 7 - 5097 - 9413 - 5

Ⅰ.①转…　Ⅱ.①许…　Ⅲ.①社会转型期 - 工会工作
- 研究 - 俄罗斯　Ⅳ.①D415.126

中国版本图书馆 CIP 数据核字（2016）第 147321 号

·中国劳动关系学院青年学者文库·

转型期俄罗斯工会与社会领域的变化

著　　者／许艳丽

出 版 人／谢寿光
项目统筹／高明秀
责任编辑／杨　慧

出　　　版／社会科学文献出版社·当代世界出版分社（010）59367004
　　　　　　地址：北京市北三环中路甲 29 号院华龙大厦　邮编：100029
　　　　　　网址：www.ssap.com.cn
发　　　行／市场营销中心（010）59367081　59367018
印　　　装／北京季蜂印刷有限公司

规　　　格／开　本：787mm × 1092mm　1/16
　　　　　　印　张：12.5　字　数：152 千字
版　　　次／2016 年 8 月第 1 版　2016 年 8 月第 1 次印刷
书　　　号／ISBN 978 - 7 - 5097 - 9413 - 5
定　　　价／59.00 元